經典重讀

其實從未被讀懂
那些耳熟能詳的寓言

來不只是故事
真相藏進細節裡的時代智慧

寓言不是結局，而是對話的起點
故事寓意早已寫在字裡行間，回頭看才讀懂

寓言不僅是童話，是長大後未說出口的心境
以新視角重新翻閱，洞見人生縮影

林語晨 編著

目錄

目錄

前言

寓言是一種文學形式，以簡短易懂的故事方式，傳達深刻的哲理。它不同於直接說教，而是透過比喻、象徵與影射的手法，在輕鬆的敘述中，讓人理解複雜的人生道理。這些故事看似簡單，實則意涵豐富，因此常被形容為「穿著外衣的真理」。

許多抽象難懂的道理，若直接講述，往往難以吸收，但經由一則寓言，反而能一目了然。這就是寓言的魅力所在。它不靠艱澀詞句，而是以極富畫面感的故事打動人心，讓人思考與領悟，進而內化為自身的智慧。

有些人認為寓言只是兒童讀物，與青少年或成人無關，其實這樣的想法並不全面。真正優秀的寓言，無論年齡、背景或專業領域的讀者都能從中受益。它們不但適合學齡兒童，也同樣能啟發求學中的青年，甚至已歷經世事的成人。

本書從古今中外眾多寓言作品中，精挑細選出數十篇經典，並非僅做資料彙整，而是嘗試以年輕人的視角，重新解讀這些故事中的意義。寓言的內涵並非單一答案，而是隨著讀者的思考與經歷產生多重詮釋。正如俗話所說：「仁者見仁，智者見智」，同一則故事，可能激發千百種不同的感觸。

寓言不只是故事，它是一把打開智慧與生活理解之門的鑰匙。願每一位讀者，都能從這些簡單的篇章中，挖掘出屬於自己的啟發，找到對世界與自我更深的領悟。

第一章

幸福的真諦

別與幸福擦肩而過

一匹年邁的母馬失去了伴侶，只剩下一頭年幼的馬駒陪在身旁。牠們住在一片風景如畫的草原上，草地寬闊，溪水清澈，野花盛開，四季皆宜，是無數動物夢寐以求的樂土。母馬為了讓孩子無憂無慮地成長，用心打理一切，希望牠能在這片天地裡健康茁壯。

然而，小馬駒並不領情。牠貪睡懶動，每天吃著三葉草也覺得味同嚼蠟，無精打采地四處遊蕩，對眼前的美景視若無睹。牠總覺得生活乏味，心中充滿怨懟。有一天，牠對母親說：「媽媽，我覺得這裡的草不好吃，水也不清，空氣讓我喘不過氣來。我們快搬家吧，我想換個地方生活。」

母馬聽了沉默片刻，輕聲說：「既然你覺得這裡不適合，那我們離開也無妨。」於是牠們收拾簡單的行李，踏上尋找新家園的旅程。馬駒興奮極了，以為未來會比現在更好，對未知充滿幻想。

牠們翻越了一座又一座高山，經過荒涼的岩地與貧瘠的草坡，所見之處只有枯黃與風沙。白天無遮蔽的太陽炙烤牠們的皮毛，夜晚則是寒風刺骨，草原上的溫暖早已成了遙遠的記憶。

三天過去，小馬駒再也找不到像樣的青草，飢餓讓牠渾身無力，只能啃食乾硬的灌木枝。牠的眼神逐漸黯淡，不再蹦跳，也不再叫嚷，身體像被抽空了活力。母馬看著牠無力地躺在地上，決定趁夜將牠悄悄帶回原來的草原。

天剛亮，小馬駒睜開眼，就看見眼前綠油油的嫩草。牠立刻興奮地站起來，大口咀嚼起來，邊吃邊歡呼：「哇，這裡的草怎麼這麼香這麼嫩！媽媽，我們別再走了，就留在這裡吧，這裡真是天堂啊！」

母馬笑而不語，靜靜看著孩子的反應。直到陽光灑滿大地，小馬駒才驚訝地發現——這裡不就是牠們幾天前離開的地方嗎？牠羞愧地低下頭，不敢看母親的眼睛。

母馬走近，用溫柔的語氣說：「孩子，有些幸福不是你離開後才能擁有，而是你願不願意看見。記住一句話：幸福，其實一直就在你眼前。」

幸福，不需要遠行尋找

許多人總以為，幸福在遠方、在未來、在別處，因此錯過了身邊唾手可得的溫暖與美好。曾經看過一幅漫畫，標題是「福在哪裡」，畫中一人站在「福」字的中間，卻張望四周、焦急地問：「福在哪裡？」他渾然不知，自己早已身在福中。

我們常在親人離去後，才懊悔沒好好珍惜他們的愛；總在失去擁有的事物後，才感受到它們的重要。幸福，往往不是缺少，而是看不見。只要靜下心來，用心去感受你現在所擁有的，也許你會發現，原來幸福早就在你的生活裡，從未離開。

視角轉換，幸福就現身

國小五年級的恩恩，一直把隔壁鄰居家的貓當成自己的好朋友。每天放學回家，她都會跑到籬笆邊逗牠玩，還常偷偷帶小零食餵牠。那隻名叫可可的橘貓，是她最依賴的陪伴。

某天，可可不見了。鄰居告訴她，貓已經走失好幾天，可能再也找不回來了。恩恩聽完，一句話也說不出來，眼淚立刻滑落。從那天起，她每天回家都望著空空的圍牆發呆，不吃飯、不說話，整個人像是被抽走了靈魂。

媽媽看見她的樣子，不動聲色地牽著她走到另一扇窗前，窗外是一排自己親手種下的花草與青翠菜園。她輕聲說：「這些小花小草每天都在長大，妳有注意到嗎？還記得妳前陣子幫我種的番茄苗嗎？現在開花了喔。」

恩恩望著那片生命正茁壯的角落，眼神慢慢有了光。「可可是回不來了，但妳還有好多可以關心、可以愛的生命呀。」媽媽說。

恩恩沒再說話，但那晚她主動端起飯碗，也再次走進陽光下的庭院。她開始明白，不是失去可可讓她一直難過，而是她一直盯著失去的那一面，忘了自己還擁有的，是滿滿的生命與希望。

還有一次，老師請班上同學寫一篇關於「感恩」的作文，許多同學都寫了爸爸媽媽、老師或朋友。但有個平常話不多的男孩，卻寫了自己的書桌。他說，那張老舊書桌雖然有些破損，卻陪他度過無數夜晚。它不會說話，卻讓他感受到安穩。

同學們聽了忍不住笑出聲，老師卻點頭表示讚賞：「因為他看見了身邊平凡事物的價值，這是很珍貴的能力。」

原來，能不能快樂，常常不是環境的問題，而是心境的選擇。當我們總是看見缺憾，就會忽略那些其實正在發光的角落。

改變視角，幸福就不再難找

有時候，我們不是缺少幸福，而是太專注在不如意的那一邊，於是看不見原來自己其實早已擁有很多。就像站在房間裡望向窗外，不同的窗景，會帶來完全不同的情緒。

生活難免有失落、有不順，但若你願意換個角度去看待，或許會發現，那些以為遺失的快樂，其實從沒離開。只是你得先轉身，才能遇見它。

幸福，一直都在，只等你開對那扇窗。

快樂，其實不遠

珊珊是一位剛進設計系的大學生，才開學沒幾週，她就開始覺得不快樂。白天上課沒精神，晚上躺在宿舍床上，卻翻來覆去地問：「快樂到底是什麼？」她試過買漂亮衣服、看影集、吃美食，可開心總是短暫，很快又回到原點。

一次課堂上，老師請大家分組設計一座迷你展覽空間，要親手做模型、搭燈光、寫文案。珊珊一開始也不太上心，直到她負責製作展板時，忽然陷入了一種奇妙的狀態。剪紙、上色、修邊，她一做就是四個小時沒抬頭，等到完成時，竟有一種從未有過的滿足。

那天回到宿舍，室友問她：「妳今天好像心情特別好耶？」她才意識到，原來自己整天下來竟然沒抱怨、沒空滑手機，連時間怎麼過都沒察覺。

那一刻她明白了，也許快樂不是找來的，而是當我們沉浸在一件有意義的事中時，它就悄悄出現了。

專注，是抵達快樂的通行證

許多人將快樂想成一種結果，必須經過努力才能換得；但其實快樂更像是一種過程，它不是等你「完成某事」才出現，而是當你「全心全意」做一件事時，就已經在其中。

有位老師曾說：「當你心無旁騖地掃地，也是一種快樂。」那時大家還不以為然，但後來有同學參加志工活動，幫忙清理山徑，晒了一整天太陽、滿身是汗，卻在收工時開心到大笑。有人問他為什麼這麼快樂，他只是說：「可能是因為今天沒空煩惱吧。」

現代生活太吵雜，我們總是一下滑手機、一下聽八卦，連吃頓飯都要配影片。於是，內心愈來愈躁，注意力愈來愈短，快樂自然也愈來愈遠。

但當我們學會靜下心，去做一件讓自己投入的事，不管是畫畫、煮飯、種花、練琴……那種從心底湧上的踏實感，正是快樂真正的樣子。

快樂是一種體會，不是追逐

快樂從不是複雜的東西，它不藏在旅行的終點，也不埋在遠方的願望裡。它其實一直都在，只是我們常被自己的欲望與焦慮遮住了眼。

簡單地活著，不代表乏味；而是讓心少些雜訊，多些純粹。快樂也不是外人能給的，它是自己用心釀造的甘甜，如人飲水，冷暖自知。

也許你正困在某段低潮，也許你也曾問過：「快樂在哪裡？」那麼不妨停下腳步，收起那些一心多用的習慣，挑一件事，好好做一次。你會發現，原來你一直在尋找的快樂，其實早就靜靜等在原地，只等你轉身回來。

快樂，從不是外衣能給的

一位年邁的企業家，年輕時白手起家，事業有成後卻日漸鬱鬱寡歡。他住在大宅裡，吃的是頂級食材，用的是最昂貴的精品，但十多年來，內心空虛，笑容早已消失。他請遍名醫、旅行無數國家，卻依舊找不到快樂的感覺。

某天，一位心理學家來探望他，聽完他的抱怨後，語氣平淡地說：「你若能穿上一件真正快樂的人的外套過一晚，憂鬱也許會好轉。」

企業家眼睛一亮，立刻派助理出發，拜託他們無論如何也要找到「快樂之人」的外套，重金購買也在所不惜。

助理們立刻啟程，第一位造訪的，是一位剛上市的科技富豪。對方住在豪宅，生活富麗堂皇，卻苦著臉說：「快樂？我每天擔心股價起伏、媒體輿論與競爭對手的威脅，哪還有心情快樂？」

第二位，是最有影響力的政治領袖。他正忙著處理各方壓力與紛爭，一聽助理的來意，笑也笑不出來：「整天面對爾虞我詐與人心難測，快樂離我太遠了。」

他們走遍城市，問遍成功人士，卻無一人自認快樂。正當準備打道回府時，偶然在河堤邊看到一位老修鞋匠，一邊哼歌一邊擦拭工具，笑得自在。

助理上前詢問：「先生，您看起來心情很好，您會說自己是快樂的人嗎？」

老鞋匠拍拍胸口說：「當然，我每天都能做自己擅長的事，吃飽、睡好，陪家人聊聊天，這樣的日子怎會不快樂？」

助理們欣喜若狂，立刻提出購買他的外套。但他哈哈一笑，說：「你們恐怕要失望了，我沒什麼外套，這身舊衣穿了十年，連換洗的都不多呢！」

快樂，不靠擁有，靠領悟

許多人拚命尋找快樂，卻老是往外去找，彷彿換一份工作、住進更大的房子、賺更多的錢，就能擁有喜悅。但那位修鞋匠沒有財富、沒有名望，卻能笑得比誰都燦爛。他沒有新襯衫，卻有輕盈的心。

真正的快樂，在於一種清明的心境。當你捨棄無止盡的比較與計較，把焦點從「缺少什麼」轉向「擁有什麼」，快樂自然就來敲門。

這份從容，正是快樂的根基所在。

快樂，是一種選擇的能力

生活難免有挫折、損失與焦慮，我們不可能擁有一切，也不可能時時如意。但我們可以選擇以什麼樣的心情去面對。

如果總是心懷不甘、患得患失，再多的擁有也填不滿心裡的空洞；反之，若能以平常心接受生活的不完美，就會發現：原來快樂不在遠方，也不靠別人賜予，而是藏在我們的心念與態度裡。

當我們學會在風中靜靜站穩，在低谷中不忘仰望，那怕沒有人為你喝采，你依舊能為自己點一盞燈，在那燈火微光裡，發現快樂的真身。

學會放手，才有餘地盛裝快樂

商業界有位舉足輕重的人物，他的財富驚人，名車豪宅樣樣不缺，卻總是一臉疲憊。無論參加多盛大的晚宴，或到再奢華的島嶼度假，他的笑容總像面具，從不真心。

有一次，他因工作過勞，心臟病發作，被送進山區療養院休養。每天只能簡單行走、靜坐。他百無聊賴，直到有天傍晚，他在小徑上遇見一位挑著野菜下山的老人。

老人滿臉皺紋卻精神奕奕，一邊哼著歌一邊走路。他忍不住問：「您挑這麼重的擔子，看來也不輕鬆，怎麼還笑得出來？」

老人停下腳步，拍拍肩上的擔子說：「這擔子啊，該挑的時候挑，不該挑的時候就放。人活著，不怕負重，只怕什麼都捨不得放下。

這句話像一顆石子，落進他的心中。他突然意識到，自己這些年來拚命守著的財富、人脈、地位，反而成了壓垮他的包袱。

回到療養院後，他開始思考：什麼才是自己真正需要的？他陸續卸下多餘的職位，關掉幾間只是為了面子的公司，把注意力轉向陪伴家人與關心社會。

他開始做義工、捐助孩童教育基金，甚至親自到偏鄉教書法。過去那種焦慮與不安，竟隨著這些「放下」的決定而漸漸消失。

他不再日夜擔心資產的漲跌，也不再被他人眼光綁架。他真正懂得了：原來快樂不是累積多少，而是願意卸下多少。

快樂不難，只怕你捨不得輕裝上路

我們總以為快樂離自己很遠，要靠追逐、靠擁有，其實它從不拒絕我們，只是我們總抓太緊，騰不出手接住它。

當心無罣礙，萬物皆可入眼；當心中有執念，眼前再多風景也如霧中看花。真正的快樂，是心靈獲得釋放後的輕盈，是你放下之後，才能拾起的簡單幸福。

生命是心聲的回音

有一位高中老師在課堂上做了一個簡單的實驗。他讓每位學生拿出一張白紙，寫下自己最想對別人說的一句話，但不署名。寫完後，老師將紙條隨機發給班上同學，讓每個人大聲念出自己拿到的那句話。

一開始，教室充滿溫暖：「你很努力，值得敬佩」、「謝謝你總是幫我解題」、「你的笑容讓人心情很好」。學生們一邊聽一邊微笑，氣氛愉快又溫馨。

但老師接著說：「如果你收到的是一句惡毒、嘲諷的話，你會怎麼想？」

教室瞬間沉默。老師看著大家的表情，說道：「剛才的話不是現實，但生活中卻經常發生。語言是一面鏡子，你用什麼語氣對待世界，世界就怎麼對待你。」

其中一位平常不太說話的同學舉手發言：「難怪有時候我不開心，別人看起來也都不太想靠近我。」老師點頭說：「這就是『心理回音』的力量。」

關係的溫度，是自己設定的

有一名主管，總是認為下屬懶散、難以溝通。他每天進辦公室板著臉，不給好臉色，說話直截了當，甚至語帶諷刺。漸漸地，同事開始敬而遠之，連原本積極的員工也變得沉默寡言。

後來，這位主管參加了一場領導力訓練課，課程中有一個簡單的練習：對十個同事說一句正向的話，觀察對方反應。他一開始不以為意，勉強照做，卻意外發現：幾句溫暖的話語，竟讓整個辦公室的氣氛出現變化。

當他改變對話方式，稱讚部屬的努力，詢問對方的想法，下屬開始主動回報、分享意見，工作也更加順利。他才驚覺，原來真正讓人難以靠近的，不是別人，而是他自己過去的態度。

人與人的互動就像投球，你丟出什麼，對方多半會原樣丟回。你給冷漠，就收回距離；你給善意，就換來理解。你怎麼對待別人，別人就會用同樣的方式回應你。

善意，是改變世界最無聲的力量

你若總是懷疑別人會排擠你，你的眼神與語氣就會透著敵意；你若認定這個社會充滿善意，你的舉止自然也會多點包容與信任。這是一種心理的自我暗示，也是一種潛在的互動機制。

你對這個世界的態度，會悄悄定義你收到的回應。

若你想讓身邊的人更溫暖，請先從自己的語言與心念開始。不需要多麼偉大的舉動，有時候一聲問候、一個笑容，就足以點亮別人的一天。正如鏡中映像，你皺眉，它就皺眉；你微笑，它便還你一抹溫柔。

生命中大多數的敵意，並非真正來自外界，而是來自我們內心投射的陰影。當你願意用善意對待世界，世界也會變得更柔軟、更友善。

別忘了，快樂、尊重、理解、溫情……這些從你給出去的那一刻起，就會悄悄地在某個時刻、某個人身上，回聲般地回到你心裡。

天堂或地獄，只在一念之間

在某次課堂討論中，老師問學生：「你們覺得天堂與地獄的差別是什麼？」

有個學生回答：「天堂應該很漂亮，地獄則是滿是火焰與痛苦。」

老師微笑不語，隔天，他請大家看一段影片：畫面中，一群人圍著一桌美味料理，每人手上都拿著一支長柄湯匙，但所有人表情痛苦，因為湯匙太長，無法將食物送進自己嘴裡。他們焦急、生氣、抱怨不已。

畫面一轉，又是一模一樣的場景，仍然是長柄湯匙與同樣的菜餚，但這一群人卻笑容滿面、彼此開懷。原來，他們將湯匙送向對方的嘴中，輪流餵彼此，人人都吃得滿足。

老師按下暫停鍵，說：「這兩個地方，條件完全一樣，唯一不同的是：前者只想餵自己，後者懂得餵別人。」

原來，天堂與地獄不在外在環境，而是在人心與行動。你選擇只顧自己，便是在地獄的孤島；你願意關懷他人，便已踏進天堂的門口。

分享與合作，是最實在的幸福路

某年冬天，兩位旅人在山中迷路，飢寒交迫。天色漸暗時，他們遇見一位老人，老人遞給他們一包食物與一根登山杖。

一人立刻搶過食物，坐下大口吃著；另一人則接過登山杖，望著遠方的村落方向。他們意見不合，便各走各的。

吃掉食物的人雖暫時脫離飢餓，卻在隔天失溫昏倒，被風雪掩埋；而另一人雖撐著登山杖努力前行，卻終究體力耗盡，倒在抵達村口之前。

隔年，又有兩位旅人同樣遇難。這次，他們接過食物與登山杖後，商量著每次只吃一點、輪流用杖行走。他們在彼此鼓勵下走出山林，找到住家，安然無恙。後來，他們成了朋友，一起經營山中小屋，接待旅客，將自己的經歷化作指引別人的明燈。

這兩段旅程證明：擁有資源不代表能生存，能合作、懂分享，才能真正活得久、活得好。因為在困境中，真正能讓人走得更遠的，不是自己的力量，而是「我們」的力量。

天堂的路，不孤單，也不自私

許多時候，我們以為幸福要靠自己拚搏，怕人搶走，怕被超越，於是小心翼翼、緊緊抓住眼前的一切。卻沒發現，快樂不是藏起來，而是傳出去；越願意給，回來的也越多。

一個人再有能力，如果不願與人分享、不懂與人共事，終將孤立。反之，即便資源有限，只要有人同行、有心互助，生活依然能開出燦爛的花。

別等身處「地獄」時才後悔不曾伸手幫助他人，也別等幸福過去才明白原來合作就是最好的恩典。天堂與地獄的距離，不在腳下，而在你是否願意與人並肩同行。

轉念之後，煩惱變禮物

森林裡最敏捷的黑豹，總被動物們尊稱為「暗影之王」。牠體格強壯、動作迅捷，是夜行的霸主。但只有牠自己知道，每天清晨，那林間第一聲鳥鳴，總會把牠從熟睡中驚醒。

這不是一次兩次，而是日復一日的困擾。黑豹起初嘗試遷巢，或用藤葉封耳，但都無濟於事。鳥鳴依舊準時響起，讓牠一整天心浮氣躁。

終於，牠決定向高山上的老梟請教。這隻老鳥在樹林中活了七十年，據說見多識廣、通曉萬物之道。

老梟聽完後，睜開一隻眼，語氣平穩地說：「你應該去問問犀牛，牠會讓你有所領悟。」

黑豹有些意外，但仍按指示出發，前往沼澤邊找犀牛。

還沒靠近，黑豹就聽見一陣撲通聲與沉重喘息。原來，犀牛正在地上滾動，努力甩開耳邊的幾隻小蟲。

「你怎麼了？」黑豹問。

犀牛悶著氣說：「那些小蟲老往我耳朵裡鑽，癢得我抓狂，怎麼趕都趕不走！」

黑豹望著眼前龐然大物，困於小蟲之擾，頓時沉默。牠原以為自己的困擾已經夠荒唐了，沒想到連犀牛這樣堅不可摧的存在，也會被蚊蟲戲弄得不知所措。

牠轉身離開時，腦中閃過老梟的話。此行目的，並非真要犀牛解答，而是讓牠明白：每個生命都有煩惱，只是種類與形式不同。

回程時，牠再次聽見那聲鳥鳴，但這次牠沒有煩躁。反而在心中想：「也許那不是吵鬧，而是提醒我天亮了，是開始新一天的訊號。」

換個角度，煩惱也能變資源

從那天起，黑豹不再怨聲載道，反而把清晨鳥鳴當作晨訓的起點。牠學會在日出前暖身，提前覓食，甚至因此提升了狩獵效率。

牠還將這套生活節奏傳授給年輕豹群，讓牠們也能適應森林的自然節拍。原本讓牠頭痛的鳥鳴，如今竟成了黑豹部落的守時鐘聲。

每個人心中，都住著一隻會煩的「小鳥」或「小蟲」。你越是抗拒，牠叫得越響；你若能靜下心看清牠的意義，也許會發現，那正是生活給你的提醒與禮物。

與其怨天尤人，不如試著轉個念。有時候，困擾你的，不是外界的聲音，而是你對那聲音的詮釋方式。

世界不會停止發聲，但你可以選擇如何傾聽。

你已經擁有了比財富更珍貴的東西

承恩剛畢業一年，總覺得自己一事無成。他每天都在羨慕別人的生活，有人開名車、住豪宅，有人創業成功、出國旅遊，他卻每天擠公車、吃便利商店，過著入不敷出的日子。

某天傍晚，他在公園長椅上發呆，一位推著輪椅的老人停在他旁邊。老人瞥了他一眼說：「年輕人，你臉上的表情看起來像把全世界都輸光了一樣。」

承恩苦笑說：「我沒輸什麼，因為我本來就一無所有。」

老人沒有多說什麼，只問他：「你願意拿你的一雙眼睛，去換五千萬現金嗎？只要你點頭，我就立刻幫你辦到。」

承恩嚇了一跳，連忙搖頭：「不，我才不要！失明的人生，我可過不下去。」

老人又說：「那如果我給你一棟豪宅，換你雙腿，怎麼樣？你從此以輪椅代步，但可以過上你夢想中的生活。」

「這……」承恩吞了吞口水，「我還是不要。能自由行走，應該比什麼房子都重要吧？」

老人聽了微微一笑：「既然如此，你還認為自己一無所有嗎？」

承恩怔住，忽然間有種從未體會過的領悟。他低頭看著自己完好的手、靈活的腳、能聽能看能感受的身體，過去那些自怨自艾，竟顯得有點可笑。

健康，就是無價之寶

有時候，我們把「富有」定義得太狹隘，以為只有銀行存款與名牌包才叫擁有，卻忽略了自己每天擁有的寶藏。

我們總是等到失去後，才知道那些看似平凡的能力，其實才是最昂貴的資產。能站起來、走路、奔跑，能看見、聽見、擁抱家人，這些不是誰能輕易買到的東西。也正因如此，它們的價值遠遠超過我們每日計算的收入。

當你意識到自己的價值，世界也會對你改觀

真正的財富，不只是身外之物，而是你所擁有的本錢與潛力。你有健康的身體、有學習的能力、有解決問題的腦袋，這些才是人生最核心的資產。只要你願意付出時間與努力，這些資產都能產生價值，甚至創造出你未曾想像的可能。

你可能暫時沒有金山銀山，但你有一雙堅強的腿可以走路、一雙手可以創作、一顆腦可以思考與創新。這些，正是所有成功者起步的基礎。

所以，下一次當你又覺得自己不如人時，不妨停下來，好好感受你還擁有的那些「看不見的財富」。你會發現，其實你早就富有，只是你從未真正計算過而已。

笑著跌倒，還是跌倒了也笑著？

早上七點，陳浩被樓上滴下的水滴砸醒，一臉溼漉漉。他翻身下床，腳一踩，才發現整張地毯泡在水裡。他衝去陽臺打算晒一晒床單，結果一陣強風吹來，把他最愛的浴巾吹到對街

的電線桿上。

他無奈地笑了笑，想說出門買點早餐壓壓驚。結果一開門，才想起門鎖昨天壞了，一拔就斷。他只好從後門翻出去，不小心又把褲子刮破。終於坐進機車，剛發動，油箱燈立刻亮起來，他這才想起前晚忘了加油。

他騎到便利商店，車子在門口拋錨。店員探出頭看著他說：「大哥，你的輪胎好像也爆了。」

陳浩苦笑搔頭：「我想上帝今天真的打算測試我的極限。」

而真正的「高潮」是，他到了公司才知道今天其實是例休日。他走回家時，天又下起雨，還沒進門，鞋就泡水，手裡剛買的早餐掉了一半進水溝。回到家，他一屁股坐下，結果椅腳斷裂，他整個人跌進地毯中央。

朋友來探望時問他：「今天這麼衰，你怎麼沒發飆？」

陳浩一邊敷冰袋一邊笑說：「可能上帝今天很忙，試圖弄倒我，但每次都與成功差一點。」

能笑出來，就是沒輸給生活

幽默不是迴避痛苦，而是一種化解的方式。若你把每次失敗、每次小災難都當成天大的打擊，那麼人生就真的苦不堪言；但若你能在泥濘中還笑著站起來，那麼這場人生的拉鋸戰，你已經悄悄贏了一半。

很多人總在問：「為什麼倒楣的總是我？」其實命運並不挑人，只是有些人選擇了對抗，有些人選擇了自嘲，有些人則一邊掉淚一邊微笑地繼續走。

人生本就不公平，重要的是，我們要用怎樣的態度去對應不公平。幽默是一種態度，一種讓生活變得可承受的潤滑劑。

許多研究指出，那些愛開玩笑、常自我調侃的人，壓力指數比較低，免疫力也相對穩定。這不只是心理作用，而是實實在在的生理反應：笑，可以減壓、強化心肺功能，甚至幫助細胞更好地對抗疾病。

幽默，是活下去最溫柔的力量

我們無法選擇每天會遇到什麼事，但我們能選擇如何反應。憂傷與煩躁可以有，但別讓它主導整天的情緒。即使一連串的不幸都落在你頭上，如果你還能講出一句「看來老天爺今天也沒把我打倒」，那你不但撐過了，也活得比昨天更堅強。

明天一早，還是可能有冷水、壞門、爛早餐，但你能用什麼眼光去看這些瑣事，才是真正區分人生質地的關鍵。笑著跌倒的人，會自己站起來；跌倒了就罵天罵地的人，只會卡在原地不前。

生活是混亂的，但幽默讓我們在人生的諷刺中活得像個贏家。上帝有時候會「設計」些考驗，但只要你笑得出來，他也只好作罷。

你擔心的事，多半不會發生

嘉珮是一名剛升任主管的行銷人員，原本應該欣喜，卻整天眉頭緊鎖。她開始胡思亂想：如果下一季業績沒達標怎麼辦？部門成員不服她又該怎麼辦？公司裁員潮會不會蔓延到自己？

她每天加班到深夜，翻來覆去睡不好，還開始常常胃痛，明明還沒出事，她卻過得比出事還慌。

某天下班途中，她無意間聽見咖啡店裡有位老闆對員工說：「每天擔心明天，等於把還沒來的雨提早灑在自己身上。」這句話像一道雷，劈進了她的腦中。

她突然意識到，自己的憂慮根本沒有讓現狀變好，反而讓精神先垮了。那些她反覆模擬的災難，很多甚至從未發生。就算發生了，她也還是得走一步算一步，不會因為提前煩惱而變得比較容易面對。

從那天起，她開始練習把注意力放在能做的事上。她主動安排部門會議釐清方向、設下彈性目標，並在團隊成員中安排支援機制。果然，下一季的業績雖未破紀錄，但穩定成長。她才發現，原來行動的力量遠比空想更踏實。

準備是主動，憂慮是枷鎖

在生活中，我們常聽見「有備無患」這句話，但太多人卻誤解為「先憂慮，才會安心」。事實上，真正有用的是預備而不是焦慮。

例如一位工程師，在得知公司可能調整人力時，與其成天擔憂被資遣，不如利用時間精進技能、拓展人脈、整理履歷。若真的調整來臨，他已經準備好新選項，而不是淪為驚慌失措的一員。

憂慮和準備之間，差別就在於「你是否有在行動」。憂慮是情緒的反芻，是對未知的過度反應；準備則是理性的因應，是為不確定留好退路。前者讓你陷在自我拉扯裡，後者讓你從容掌握當下。

學會放下多餘的憂慮，才能輕裝前行

人的心很容易被「萬一」困住，結果活在尚未發生的災難中。很多時候，真正讓人疲憊的不是壓力本身，而是反覆想像出來的壞結果。這些想像如同腦中不請自來的煙霧，越想越濃，卻無半點實質。

若你願意把一半的擔心轉化為計畫，把另一半的懷疑換成行動，那麼人生的方向不僅更清晰，也會更穩定。

人生不是要你什麼都不想，而是學會分辨什麼該想、什麼該放。你無法控制所有事情，但可以決定自己的思考方式。選擇聚焦當下、行動而非空煩，才是真正走向安心與清明的道路。

當你發現，原來那麼多憂慮都是沒必要的，你就能更自在地活著。那時的你，不是沒有壓力，而是知道：該想的想，該做的做，其餘的，就讓它去吧。

放下無法改變的過去

安齊是一位急診室的資深醫師，工作多年，經手過無數生死，但有一天，當自己的兒子因突發心臟衰竭送進手術室時，他卻第一次感到全然無力。

從孩子進入急救室的那一刻起，安齊便守在門外，眼神空洞，食不下嚥。他不斷祈禱、不斷設想可能的轉機，甚至懊悔自己過去是否忽略了什麼徵兆。醫院的同事輪流來陪他，勸他休息、進食，但他始終一動也不動，只是靜靜地等著奇蹟。

時間一分一秒地流逝，終於，手術室的燈熄了。主治醫師緩緩走出來，搖頭表示：孩子沒能撐過來。

眾人以為安齊會情緒崩潰，甚至暈倒，但他只是輕輕地點了點頭，接著起身走向休息室，洗了把臉，換下身上的手術袍，然後對同事說：「請幫我安排今晚的輪班，我要回到崗位。」

同事們面面相覷，有人忍不住問：「你還好嗎？你這幾天為了孩子幾乎沒闔過眼，現在他離開了，你怎麼能這麼快就回去工作？」

安齊回答得很平靜：「我當然難過。孩子還在的時候，我盡了一切努力，祈求他能撐過來，哪怕只有萬分之一的希望，我都不想放棄。但現在，他已經離開了。繼續沉溺在悲傷中，不能讓他復活，卻會讓我自己倒下。」

他停了一下，又說：「如果我不振作起來，那我怎麼對得起那些還在等待救命的病人？怎麼對得起他曾帶來過的那些快樂時光？」

努力過，失去就無需遺憾

人們總在失去後感到遺憾，彷彿悲傷是對逝去最誠懇的回應。可事實上，當無法改變的事已然發生，持續地沉浸在悲傷中，只是另一種形式的自我懲罰。

誰也掌控不了生命的無常，我們所能做的，只是在人事可為的時候，盡最大努力。當努力無效時，就應該學會轉身，重新出發。不是因為不愛、不在乎，而是因為懂得尊重現實，也尊重自己還在前行的腳步。

選擇放下，不是冷漠，而是清醒地知道：有些痛，該過就要讓它過去，因為你還要走的路，還很長。

當你能面對遺憾而不讓它吞噬你的生活，你會發現，人生其實從來不缺希望，只是我們要學會在止不住的失落中，重新找到前行的光亮。

學會接受，才是真正的圓滿

設計師顏子寧正在籌備一場重要的展覽。他希望展場中每一處細節都完美無瑕，從地板光澤到每盞燈的角度都要符合心中預期。他花了三個月選布置風格，又花了三週試燈光，最後卻在選展品時陷入了掙扎。

他對助手說：「這張椅子雖美，但曲線不夠俐落；那幅畫構圖雖巧，可色彩又不夠和諧。我總覺得還能找到更理想的。」

助手提醒他：「展期只剩一週了，再不定下來就來不及布置了。」

顏子寧卻仍堅持尋找所謂「完美無瑕」的那件作品，直到最後，展期將至，他還在挑選中徘徊，錯過了多次收件與準備的黃金時機。

最終展覽草草成形，觀眾反應平平，錯失了原本可驚豔四座的機會。他這才體會到，原來所謂的完美，是一種想像，而不是現實中能真正握住的成果。

追求極致，有時是對生活的折磨

我們常以為，凡事要做到最好才有價值，卻不知這樣的信念往往讓人耗盡力氣，甚至錯失良機。許多原本已經不錯的選擇，往往因為「還可以再更好」的念頭，被一一放棄。最終等到現實逼近，才發現連「不錯」都不再回來。

就像感情中，有些人一直在尋找理想伴侶，總覺得對方不夠幽默、不夠上進、不夠浪漫，一再更換對象，直到有天發現，原本那個平凡的、真心的，也許才最適合自己，卻已離去多年。

生活中追求進步是必要的，但若過度陷入完美主義，便容易讓人失去判斷的彈性與生活的餘裕。追求完美，若變成拒絕所有「尚可接受」的現實，最終換來的不是圓滿，而是遺憾。

真實的幸福，在於懂得取捨與知足

這世界從不完美，我們的選擇、生活、甚至自己，都總有缺口。但那正是生命的真實樣貌。完美並非擁有一切，而是從已有的選項中找到最適合的，並給予它應有的肯定與努力。

當你懂得欣賞那些「有點缺陷卻仍值得擁抱」的事物，你會發現，生活開始變得豐富且輕鬆許多。與其花一生尋找不存在的圓滿，不如學著在當下找到意義與方向。

一片樹葉，可能有斑駁、捲邊、或微微破損，但它仍是自然的一部分，也有其獨特之美。你若等到萬無一失才肯擁有，最終等來的多是空手而歸。

真正的圓滿，不是完美無瑕，而是你願意在有限中看見值得。學會放下執念，珍惜眼前，那才是最成熟的選擇。

猜疑，是最深的誤解

在森林的一處老橡樹下，大龜與小龜常常一起晒太陽、喝酒聊天。有天，大龜喝完自己的一瓶椰子酒後，對小龜說：「你能幫我去小溪邊拿另一瓶酒嗎？我這老骨頭爬得太慢了。」

小龜瞇起眼盯著牠看，說：「你是想趁我不在，偷喝我的那瓶吧？」

大龜愣了一下，急忙保證：「怎麼可能？我們是朋友，我只是想請你幫個小忙而已。」

小龜猶豫了一下，終於慢慢地離開。可牠才走出兩步，就停下來蹲在門外，想看看大龜會不會真的動手。時間一分一秒過去，牠一動也不動，像是要守著一場即將揭穿的陰謀。

過了三個小時，大龜等得有些不耐煩了，喃喃自語：「牠肯定自己拿酒去了，怎麼可能還記得我？」便順手拿起小龜的那瓶酒準備開喝。沒想到瓶蓋還沒轉開，小龜就突然出現，臉上寫滿控訴：「我就知道！你果然會偷喝！」

大龜驚訝又無奈：「你這三個小時……都在外面？」

「對！」小龜氣憤說，「我就是要證明你靠不住！」

這就是典型的「驗證型猜疑」：一開始就懷疑對方有問題，接著自己設局觀察，最後不管對方做什麼，都會符合自己的預期。其實，是懷疑扭曲了眼光，不是事實本身變了樣。

多疑的人，往往最先孤立自己

猜疑，像是一面模糊的鏡子，不斷反射出我們自己最不安的一面。人一旦陷入猜測，就容易以負面視角觀察他人，對每一個小動作過度解讀。朋友沒回訊息，是不是在生氣？同事最近話少，是不是在設局？連路過時別人一抹微笑，也可能被解讀成「有話不說」。

長久下來，這樣的人常會不自覺地築起防線，把關心誤認為算計，把沉默解讀成敵意，結果逐漸與人疏遠，朋友也不敢親近。更慘的是，猜疑並不止於對外，很多時候也會向內轉化——對自己的懷疑、對未來的不安，讓人日夜煩躁、神經緊繃。

當你相信某件事，就會下意識去尋找能支持那個信念的證據，哪怕它本身是錯的。小龜就是如此，牠一心認定大龜會偷喝，於是只用靜靜觀察、等待，卻沒有半點信任的空間。

打開心門，才能迎來真正的理解

這世界從來不是非黑即白，也不是每個人都有時間算計你。很多誤解，都是因為我們太在意他人的評價，或太容易套用自己的邏輯去詮釋他人的行為。時間一久，連善意都會被磨損成傷痕。

學會放下無謂的揣測，是一種成熟。真正的信任，不是建立在對方每次都做對，而是相信就算對方犯錯，也不是出於惡意。這樣的信任，會讓人之間更輕鬆，也更願意靠近彼此。

若你總是覺得別人在看你、說你、對你不利，也許不是世界真的如此險惡，而是你內心過於緊繃。試著緩一口氣，問自己：「我是否用一種過度防備的心在看待別人？」

人與人之間，最難得的從不是說對話，而是能彼此安心地沉默，彼此相信不會被誤解。而這樣的關係，從來不會發生在疑心重重的人身上。

願你別做那隻在門外耗三個小時也不願相信朋友的小烏龜。願你在人際關係中多一點信任，少一點設防，用清晰的眼光看世界，才不會被猜疑蒙蔽了人生的好風景。

別把自己凍起來

在極地的雪原上，有一隻狐獴誤闖進了一間廢棄的冰屋。牠原本只是想躲避一場暴風雪，卻怎麼都打不開已被風雪推緊的門。狐獴四處張望，看見冰屋四周堆滿了積雪，又感受到牆壁滲出的冰冷氣息，牠不禁顫抖起來。

「這裡一定冷得會把我凍死……」狐獴喃咕著，便不再嘗試逃生，只蜷縮一角瑟瑟發抖。牠開始胡思亂想，腦中浮現了凍僵的畫面，甚至提前寫了遺言。幾個小時後，當一名探勘員推開冰屋救出牠時，狐獴早已氣若游絲。醫生後來發現，那間冰屋裡實際溫度並不致命，只是狐獴的身體被恐懼與悲觀的心理先凍住了。

悲觀，是最冷的一種溫度

這不只是動物的寓言，而是真實世界中許多人正在經歷的情境。他們並非被現實壓垮，而是被心中的悲觀擊倒了。

心理學上稱此為「負面心理暗示」—— 當人相信自己會失敗、會生病、會倒下，身體也會逐漸配合這種信念走向崩解。這樣的情況，在生活中屢見不鮮。有些人未經確診便認為自己患病，開始失眠、食慾不振；有些人在職場中因為一次否定，就篤定自己無能，從此心灰意冷。

可怕的不是環境，而是我們相信了「我不行」、「我撐不下去」這樣的聲音，並任它在心中擴大成事實。

不是環境決定你能不能活下去，而是你的心態會先給出答案。

讓心的溫度，決定命運的走向

有些人敗在現實，有些人卻敗在心裡的想像。一旦你相信自己注定會輸，那麼再多機會也挽不回你的人生；但若你願意相信明天還有可能，願意留給希望多一點餘地，那麼你就會發現，眼前這場冬天終將過去。

人生遇到的困難，有些是冷藏車裡的假象，只要你不被恐懼困住，就還有選擇的機會。請別讓悲觀成為你的鎖，別讓心中的冰點凍結了生命的可能。

你活在哪一種溫度裡，不是由外在決定的，而是你自己內心的氣候說了算。當你學會點燃自己心中的燈火，你就能在黑夜中找到方向，也能在最冷的時刻，看見春天的起點。

回應不出口，智慧已說話

有位禪師行腳多年，在山林間修行。一天途中遇上一名青年，因對宗教有偏見，便一路對他出言不遜。無論禪師如何沉默前行，那人總是不斷嘲諷，連走了數日也沒停過。

終於在一座山腳下，禪師停下腳步，轉身微笑問他：「如果你送我一個東西，我卻拒絕收下，這東西是誰的？」

青年愣了一下：「那當然還是我的啊！」

禪師點頭：「那你這幾天送給我的這些難聽話，我一樣沒收下，自然還是屬於你自己。」

青年臉紅耳赤，啞口無言。這句簡單的話，不是辯駁，卻勝似一切反駁。

世間紛擾中，有人喜歡挑釁、造謠、攻擊，但若我們每一句都回應、每一件都爭論，不僅耗神，也失了分寸。真正的成熟，是懂得何時閉口不語、心中自有定力。

不回應，不代表你輸了，而是你懂了

面對惡意時，若選擇平靜對待，不但不會失去什麼，反而更顯人格的厚度。沉默不是懦弱，而是一種境界，是知道哪裡該說，哪裡該止。

「被罵是一種試煉，能從中培養定性與慈悲。」不以言語反擊，反而思考自己是否有讓人誤會的地方。若是無中生有，便視為對方的業障，與自己無關。這樣的胸懷，不僅不會被惡意擊倒，反而更添穩重與智慧。真正成熟的人，懂得把謾罵轉化成內在的沉澱，把挑釁當作反觀自己的契機。

當你不再因一句批評就心神不寧，也不再急著為無意的指責辯駁時，那就是心智真正強大起來的開始。

心定處，即是安身處

這世界永遠有批評與誤解，有人喜歡無端挑事，有人總愛亂扣帽子。但你無需為每句閒言浪費時間，也不必為每次中傷去證明什麼。

當你學會笑笑帶過、不被言語牽動，那些謾罵就如風過竹林，來了也去，不留痕跡。真正的尊嚴，不是爭回來的，而是沉默中自然長出的。

懂得不回嘴，並不是你輸了，而是你贏在了格局與修養。這樣的你，即使不說話，世界也會安靜地聽你說理。

先擦亮自己的眼睛

有一天，黃太太站在窗邊，邊喝茶邊對朋友抱怨：「妳看對面那戶人家，衣服總是洗不乾淨。那女人大概不會洗衣服吧？怎麼每次晾出來的衣服都有污漬，看了真讓人心煩。」

朋友沒說話，只是默默地走向窗邊，拿起一塊布，把玻璃上的灰塵仔細擦了一遍。等窗戶乾淨後，黃太太一怔。對面晒的衣服潔白整齊，根本不像她剛才說的那樣有污漬。

她愣住了半晌，小聲說：「原來是我的窗戶髒了啊……」

這是一則生活小事，但卻帶出深刻的道理。人在習慣批評他人之前，往往沒意識到自己所看的世界，其實是透過一扇模糊的玻璃。也許真正該擦亮的，不是別人的缺點，而是我們的視角。

以偏概全，只會讓世界更狹窄

現代社會中，「憤青」成了一種常見心態。他們對上司、同事、制度處處不滿，對自己卻從不檢討，實際上卻反映了一種心理上的偏見與無力感。

沒錯，職場難免有不公，也有不合理的現象，但當一個人選擇只看見黑暗，總以為努力無用，只剩酸言酸語，那麼他自己也漸漸成了被情緒困住的人。這樣的心態，像是一塊髒玻璃，把世界染上了灰色，看誰都不順眼，做什麼都覺得沒意義。

清理自己，才能看見真正的世界

當我們總是用挑剔的眼光看待別人，往往是因為我們忘了照顧自己的內在。一個總是習慣怪罪他人的人，最終也會讓自己變得愈來愈狹隘，失去前進的空間。

真正成熟的人，不是看清別人的缺點，而是能在每一次不順心的時刻，先反問自己。擦淨心中的那扇窗，重新調整自己的光線，世界可能比你想像的明亮許多。

別讓塵霧阻礙你的眼，也別讓偏見模糊了判斷。願我們都能在想責怪他人之前，先問問自己：我的窗戶，是不是該擦一擦了？

高傲的姿態，經不起風雨的考驗

森林邊緣，有一棵高聳入雲的橄欖樹和一叢纖細的蘆葦。橄欖樹四季常綠，果實纍纍，不時有路人駐足讚嘆它的枝葉繁茂。而蘆葦，則像極了岸邊的背景，只在風中輕輕搖曳，低調得幾乎讓人忽略。

橄欖樹總看不起蘆葦，時常譏諷：「你那搖搖欲墜的樣子，一點骨氣都沒有。看看我，不論風多大，我都挺得筆直，人類仰望我，可曾有人停下來讚美你？」

蘆葦默默地垂著身子，不爭不辯。他知道自己的柔軟並非怯懦，而是一種保命的智慧。

某夜，一場狂風暴雨突襲林間，樹木搖晃，風聲咆哮。橄欖樹緊咬牙根不願彎腰，結果根部鬆動，最後整棵樹倒地呻吟。而蘆葦則隨風俯身，等風過了，依舊站立如初。

第二天清晨，橄欖樹倒在泥地裡，再也挺不起來，只剩蘆葦在陽光中輕搖身影。堅強若少了彈性，終將在極端中崩解；而柔軟若懂得進退，反倒長存於世。

自視過高，容易跌得更重

現實生活中，不乏才華出眾卻眼高於頂的人。他們仗著成績、學歷或名聲，說話高調，做事自負，對人毫無耐性，最後常因一次疏失就全盤皆輸。反觀那些懂得收斂鋒芒、保持謙虛的人，即使才華橫溢，也從不炫耀，反而更易贏得他人尊敬與支持。

走得再快，也要記得低頭看路。不是能力越大越該驕傲，而是越有本事，越要懂得謙卑。

謙遜，是站得穩的根本

人與人之間的距離，往往不是能力決定，而是態度。謙遜的人讓他人感到舒適，願意靠近；驕傲的人則容易讓人敬而遠之。真正有智慧的人，不會急著證明自己有多強，而是用平和的姿態，靜靜展現力量。

風來時，硬撐可能讓人折斷，柔軟卻能讓人渡過難關。在這個多變的世界裡，唯有懂得低頭的人，才能真正抬頭看遠。

活在別人的影子裡，只會迷失自己

草原邊，一頭壯碩的公牛悠閒地吃草，一旁的癩蛤蟆看得目瞪口呆。牠自認平日也是眾蛙之中頗有份量的一員，可一見到公牛那寬大的身軀與昂然的氣勢，心中頓時湧起強烈的嫉妒。

「為什麼牠能這麼雄偉？難道我不可以嗎？」癩蛤蟆滿心不服，開始鼓起肚子，想讓自己看起來更龐大些。

牠一邊鼓氣，一邊問旁邊的青蛙朋友：「你說，我現在是不是跟公牛差不多大了？」

青蛙睜大眼睛，誠實地搖搖頭：「老實說，還差得遠呢。」

癩蛤蟆又繼續用力，憋得臉色發紫，再問：「現在呢？」

「嗯……還是不像啦。」朋友說得小心翼翼。

癩蛤蟆不甘心，越鼓越猛，直到一聲悶響，「啵」地一聲，牠的肚皮撐破了，終於喪命在自己的虛榮心之下。

盲目比較，是最不值的消耗

這世界從來不是一場公平的賽跑，有人起點在高地，有人從山谷開始。有些人把時間花在提升自己，有些人卻活在他人的光芒裡，不斷比較，然後自卑、焦躁、虛張聲勢，最後失去了自己。

癩蛤蟆的悲劇，不過是另一種「為了看起來成功，而忽略了自身極限」的寫照。正如生活中那些急於炫耀、不惜負債買名牌、硬撐門面的人，他們可能外表光鮮，內裡早已千瘡百孔。

走自己的路，才是智慧的選擇

與其費盡力氣去模仿他人的樣子，不如靜下心來耕耘自己的土地。誠實面對自己的條件，接受自身的樣貌與局限，反而更能走得踏實自在。

人生不必和誰比，也無需證明給誰看。真正的成長，不是從超越他人開始，而是從理解自己出發。當你懂得欣賞自己的獨特，就不再需要誇大的外衣來遮掩自卑，也不再做那隻鼓破肚皮的癩蛤蟆。

掌聲裡的陷阱

一隻年輕的金色錦鯉，生活在安靜的園池中。牠身形修長，鱗片閃耀，從小就知道自己與眾不同。園中有許多鯉魚同伴，但牠總覺得，這些日復一日悠游水面的生活，太過平凡，也太過寂寞。

某日午後，池邊來了一群遊客，一位穿著考究的女人站在池邊，眼神亮起來：「這條魚真漂亮，簡直像皇室的徽章！」短短一句話，在錦鯉心中激起了千層浪。

「原來我注定不屬於這池水，我應該被更多人看見！」牠開始不斷地躍出水面，試圖再博得更多眼神與驚呼。牠甚至練習跳得更高、更久，只為了那一刻的掌聲與欣賞。

第二天，那位女子又來了，不同的是，她帶來了一個玻璃缸。錦鯉興奮地一躍而起，就在牠跳至水面最高點的剎那，女子眼明手快地將牠撈起，緊接著蓋上缸蓋。「終於帶回家了，這可是絕佳的裝飾品。」

錦鯉瞪大雙眼，直到此刻牠才發現，那些驚艷的眼神與讚美，不是為了理解或欣賞牠的生命，而只是為了滿足某種審美的占有欲。牠離開了自由的水域，成了客廳中一個玻璃器皿裡的擺設。

迷失於外界的評價

我們總以為讚美是肯定，是前進的動力，但有時，太過渴望掌聲，反而會讓人迷失。讚美若出於真誠，固然是一種溫暖；但若過度依賴，就會成為操控你走向錯誤選擇的聲音。

真實的價值，不該建立在他人短暫的誇讚上，而是來自內心對自己角色的篤定與清楚。錦鯉原本自由地生活在池中，是園景的靈魂；但牠卻為了幾句浮誇的讚美，拋棄了自己的本分與安全。

掌聲有時不過是一場短暫的誘惑，而真正的自由，是懂得什麼時候該留在屬於自己的水域。

握不住的機會

一位青年懷抱夢想來到都市，卻很快發現現實的殘酷。找不到工作、吃不飽穿不暖，他終日徘徊在街頭，成了一名無家可歸的街友。他常想著：「如果我有五千塊，我就能重新開始人生。」

某天，他在巷子裡發現一隻迷路的小獵犬，看起來乾淨可愛，一看便知是有人飼養的。他四下張望，沒看到主人，便偷偷把狗帶回破舊的棲身之處，打算再作打算。

第二天，他看到街上張貼著尋狗啟事，那隻狗果真是某知名企業家的愛犬。啟事上寫著：「送回者可得兩萬元酬謝金。」青年心跳加快，立刻準備把狗帶去領獎金。

就在他經過張貼啟事的路口時，發現酬金變成三萬元了。他頓時停下腳步，心想：「再等等吧，說不定還會漲。」於是他折返，把狗再次鎖起來，盤算著能等到更高的金額。

結果第四天、第五天，酬金如他所願節節上升。到了第七天，價格漲到五萬元。這時他才欣喜若狂地準備帶狗去領酬金。

可惜，當他走進房間時，那隻小狗已經因飢渴與無人照顧而死去。他愣在原地，滿腦子只有五萬元的畫面碎裂成空。

最終，他依舊回到街頭，日復一日伸手要錢。現實沒變，夢想更遠。

太晚出手，只能空手

人生中有些機會確實來得不易，但更可悲的是，我們並非無福消受，而是貪念與遲疑讓機會悄然溜走。當一個人總想要「再多一點」才滿足，往往錯過了最該把握的時刻。

正如投資市場裡的散戶，總希望價格再漲一點再賣，跌一點再買，最後往往兩頭落空。懂得見好就收，是智慧；一味等待更大的回報，卻可能連原本擁有的都失去。

握得住的，才是真正的價值。握不住的，就別幻想會從天而降。這世界從來不會獎賞只等待不行動的人。

失速的腳步

有位農夫聽說遙遠的山谷裡有人願意出售大片土地，於是立刻動身前往。當他抵達時，當地的一位老者告訴他：「只要你付十兩銀子，我們就給你一天的時間，從日出走到日落，走過的範圍都歸你，但有個條件 —— 太陽下山前，你必須回到起點，否則你什麼也得不到。」

農夫眼睛一亮，心想：「只要腳程快一點，就能擁有比任何人都大的地盤，簡直太值得了！」當天一早，他天未亮便站在起點，等太陽一冒出地平線，便飛奔而去。

他不顧腳痛、不顧飢餓，甚至連口水也沒空吞，心中只想著：「多跑一點，多一點地，我的孩子、我的妻子就能過更好的日子！」他跑過了丘陵、穿越了森林，一步也不願停下。

太陽已經高懸，他回頭望，出發點早已消失在視線之外。有人提醒他：「也該回頭了。」他卻搖頭：「還不夠，我再多撐一段，這樣將來可以活得更寬裕。」直到太陽開始西斜，他才驚覺時間所剩無多，便轉身狂奔回頭，氣喘如牛，腳步紊亂。

夕陽像熔金般灑在大地，他幾乎用盡最後一絲力氣衝向起點。就在他雙腳踩回那條線上的一刻，他猛然倒地，停止了呼吸。人們將他安葬在他剛擁有的土地上 —— 只占了兩臂的寬度與一具遺體的長度。

別讓奮鬥掩蓋了回家的路

人生不該只是往前奔跑。拚搏與努力固然重要，但若失去了衡量的尺度，再多的成就也不過是一場空。那些為家庭而拚命的父母，請別忘了，家人真正渴望的不是更多的金錢與物質，而是你的陪伴、你的健康、你的笑容。

人生的起點與終點，其實往往是同一個地方 ——「愛」，你回得去嗎？

追求的真相

兩名年輕人在公園裡同時撿到一本書，誰也不肯讓給對方。你一句我一句，吵得不可開交，甚至還引來了不少路人圍觀。

一位老人剛好經過，聽了一會兒，問道：「你們這樣爭，到底誰會看這本書？」

兩人異口同聲地回答：「我們都不會讀。」

老人搖搖頭，笑著說：「那你們爭這本書做什麼呢？」

兩人聽了，面面相覷，瞬間啞口無言。

別被無謂的執念迷惑

現代人常在追逐一些自己根本無法使用、甚至毫無需要的東西，只為了勝負一時，或證明一種虛幻的價值。當我們陷入爭執時，不妨靜下來問自己：這真的是我想要的嗎？還是只是不甘心輸？

學會分辨什麼值得擁有、什麼只是虛妄的幻影，是人生重要的課題。有時，放下比執著來得更有力量。

讓美好進駐，取代傷害

在山腳下有個農夫，家中小院有一叢多年未除的荊棘。這叢荊棘堅硬如鐵，長得四處蔓延，不但扎破農夫的褲腳，更經常刺傷他年幼的女兒，每當她跌坐在草地上哭泣時，身上總添幾道紅腫的傷痕。

農夫氣急了，拿起鐮刀，一次次想將荊棘連根鏟除。但不論他怎麼割，怎麼挖，到了隔年春天，那些荊棘仍舊頑強地從土裡冒出頭來，像什麼也沒發生過一樣。

一天，農夫走了好遠去找村外一位年長智者求教。老人聽完他的抱怨，只淡淡地說了一句：「你只顧著拔，卻沒想過替代它。」

農夫一愣。

「你回去後，把那塊地清乾淨，再種上一棵松樹。記住，是種下，不只是清除。」老人補充道。

農夫照做了。他清除了荊棘的根，翻鬆土壤，小心翼翼種下了一棵幼小的松樹。他每天為它澆水，防蟲，一年後，小松樹竟已亭亭挺立，而那叢令人憂心的荊棘，再也沒長出來。

心的空地，需要栽種善念

人心就像那一方土地。若只是試圖移除負面情緒與痛苦記憶，而不種下新的念頭與目標，那些負面情緒便會如雜草般死灰復燃。要讓內心真正清淨平靜，靠的不是一時的排斥，而是用更好的事物來填滿心的空白。

有位名叫艾瑪的女孩，年輕時罹患罕見病症，醫師宣判她存活率極低。一開始，她陷入長時間的沮喪，整日窩在床上。然而某天，她在病房中撿起一本童書，書裡描述一隻狗為了幫助主人而翻山越嶺。她讀著讀著，突然哭了起來，那是一種久違的動容。

從那天起，她開始每天記錄真實動物與人之間的故事，不為出版，只為自己有個活下去的理由。幾年後，她的病情漸漸穩定，她寫成的故事集也順利出版，甚至成為暢銷書。她的人生，就在這場轉念的過程中悄然改變。

願意種下善意，就能長出希望

我們都會面對低谷、受傷、失望，也常急著拔除心裡的荊棘。但要真正痊癒，不只是排斥陰影，更重要的是種下一棵屬於自己的松樹——那可能是一個新目標、一段感動、一場創作，或一份願意分享的善意。如此一來，我們才有機會，讓生命長出堅韌而溫暖的模樣。

第二章

富足的起點

習慣，有時是最大的障礙

一名年輕的手工咖啡師，聽聞某位遠在歐洲的老咖啡師，藏有一份傳說級的配方，能讓一杯普通的黑咖啡轉化為令人一喝難忘的極致風味。據說這份配方並不寫在紙上，而是藏在老師傅每日沖煮的某一道細節裡，只要能夠敏銳察覺並親身感受到，就能領悟那關鍵之處。

年輕人決定親自前往。儘管生活拮据，他仍不顧一切來到那間咖啡館，毛遂自薦成為學徒。他每日站在老師傅身旁學習，從選豆、烘焙、磨粉、注水到拉花，每一個步驟他都一絲不苟。他心想，只要每天堅持，終有一日能從中摸索出那神秘的關鍵。

日子一天天過去，年輕人將老師傅的每一個手勢動作練得爐火純青，連一滴水的溫度差都能察覺，卻始終未曾體會到那「一喝驚人」的變化。他告訴自己再堅持一下，不放過任何蛛絲馬跡。久而久之，他的手法變成了一套流程，每個步驟都像例行公事般自動完成。

直到有一天，當老師傅準備退休，對他說：「那天我有意少磨了幾秒的咖啡豆，只想看看你是否察覺。」年輕人一驚，回想起那天的沖煮過程，腦中卻一片空白。那杯他曾沖出、親自品嚐的咖啡，當時略帶不同的氣味與尾韻，如今早被他機械般的操作模式遺忘在記憶之外。

錯失良機，其實是習慣使然

那天，他才明白，自己並非缺乏努力，而是過於沉迷於「重複」，早已失去了當初那份細膩的覺察力，也因此錯過了唯一觸碰到真諦的機會。

多少人在生活中也是這樣？但當真正屬於我們的轉機到來時，我們反而缺乏認出它的敏感度，甚至第一反應是放棄。

這種習慣性的思考模式，就像關掉了心靈的開關，讓我們在重複中失去判斷力，最終把曾經拚命追求的夢，親手拋向深海。

重複的日常，麻痺了心靈

生活中，最可怕的不是困難重重，而是當轉機來到時，我們早已麻木到無法識別它的珍貴。那塊溫暖的石子，也許曾出現在你的人生某一個黃昏，而你卻因慣性而錯過。

因此，請永遠保留一顆敏感而清晰的心，即使眼前千篇一律，也不要輕易對世界說「這我已經知道了」。因為，也許下一刻，真正能改變你命運的機會，就藏在那「看似普通」的角落裡。

離鄉前的六字箴言

那年春末，一位名叫沈清揚的年輕人背起行囊，準備離開熟悉的家鄉，前往陌生的城市尋找屬於自己的未來。他心中滿是對前方未知的憧憬與不安，於是動身前的最後一站，他走進了老族長的書齋，想請這位長輩賜他一點人生的指引。

老族長正臨窗而坐，筆鋒游走在宣紙上，字跡蒼勁。聽完沈清揚的來意後，他停下筆，略作沉思，隨手寫下三個字：「不要怕」。他微笑地將紙交給沈清揚，語氣溫和而堅定地說：「人生的祕訣只有六個字，今天先給你一半，足夠你走過風雨。」

沈清揚將那張字紙折好，藏進懷裡。自此，他帶著這份簡短卻沉甸的祝福，踏上了人生旅途。他經歷過落魄、徬徨，也遇見過意想不到的轉機，當他身陷低谷、幾近放棄時，那三個字總會浮現在腦海：「不要怕」，如同暗夜中為他指引方向的一道燈火。

歸來後的另一半答案

二十多年倏忽而過，沈清揚已到中年，事業小有成就，肩上卻也承載著許多家庭與人生的壓力。那年冬日，他終於抽空返鄉，懷著一份回望初心的念頭，踏上熟悉的青石巷，想再見見那位曾為他指路的老族長。

可惜，歲月早已靜靜將那位長者帶走，只留下老宅依舊。族長的子孫從櫃中取出一封封存多年的信封，對他說：「這是祖父留給你的。他說，總有一天你會回來，也總有一天你會準備好接下那剩下的三個字。」

沈清揚打開信封，只見一張泛黃的紙上，寫著簡單卻深刻的三字箴言：「不要悔」。那一刻，他眼眶溼潤，久久不語。年輕時的勇氣，是為了不讓自己錯過機會；中年之後的寬容，則是為了不讓自己困於遺憾。

一生之路，唯信念不變

「不要怕」讓人敢於出發，「不要悔」則教人學會釋懷。這六個字看似簡單，卻是許多人窮其一生都難以學會的智慧。前半生要有膽識與衝勁，後半生則需有包容與放下。唯有如此，人生的路才不會走得那麼苦、那麼沉重。

無論你正站在人生的起點，還是已走入暮色微涼的階段，願你都能記得這六字訓言。它不華麗，卻足以照亮你心裡的方向，讓你在人生每個轉折處，依然無懼地向前、無悔地回望。

做自己才是真辦法

瑪莉是一位剛升任部門主管的年輕女性。她對自己的工作充滿熱忱，也希望獲得同事和上司的肯定。上任第一週，她設計了一套新流程，希望提升效率，卻接連收到不同的反應。

資深同仁說她太急躁、不懂人情；年輕同事又嫌她太保守、不夠創新；連平時友好的助理都小聲提醒她：「小心別讓主管覺得妳太強勢了。」

瑪莉不禁懷疑起自己原本的想法是否錯了。第二週開始，她開始微調流程，想讓大家滿意。結果反而導致進度混亂，團隊無所適從。第三週，她乾脆什麼都不改動了，只回應主管的指令，但這樣一來，同事們又覺得她沒主見、態度冷淡。

她心煩意亂、夜夜失眠，工作成效也逐漸下滑。

別想討好所有人

某天晚上，她與一位退休的老主管聊天，談起近期困擾。老主管聽完後，只淡淡地說：「我當年也是這樣，走過一樣的彎路。」

他接著補充：「妳以為改一點、讓一點、調整一點就能換來大家的認同，其實那只會讓人更不信任妳。他們不一定反對妳，但他們想知道妳有沒有立場。太在意每一個聲音，到最後大家都不信妳了，連妳自己都不信妳自己。」

這番話讓瑪莉驚醒。她開始回歸初衷，不再急著改變自己來配合所有人，而是學著傾聽但不盲從，堅持最初設計的原則，同時保持彈性應對實務問題。慢慢地，同事們的聲音少了批評，多了配合；主管也看見她的穩定與決斷。

討好所有人，反而會失去最初的目標

生活中，這樣「人言可畏」的狀況不勝枚舉。網路評論、親友建議、社群期待，每一種聲音都可能左右我們的決定。年輕人若沒有清晰的思考能力與主見，很容易就像瑪莉一樣，在每一個岔路口都聽命轉彎，最後走得疲憊又迷惘。

聆聽固然是種智慧，但失去判斷就會成為被牽著走的人。最終你會發現，太多顧慮別人的想法，換來的不是認同，而是疲憊和失落。

真正的自由，不是迎合所有人的期待，而是選擇為自己負責。只有真正地相信自己、走自己的節奏，才能在紛亂中穩穩站住腳步，不管旁人怎麼說，你都知道，自己的方向才是唯一值得堅持的路。

誤會，比傷害更深

一位獨居的老婦人瑪莉亞，年輕時就守寡，獨自撫養獨子安東尼長大。安東尼長大成人後到城市工作，很少回家，但每週都會寄錢和信回來。瑪莉亞雖然孤單，卻為兒子的孝順而感到安慰。

某天，她的鄰居拿著報紙跑來說：「瑪莉亞，妳看看這新聞！是不是妳兒子？」報紙上一張模糊的照片，標題寫著：「嫌犯涉入洗錢案遭調查。」照片裡的人和安東尼有幾分相似，瑪莉亞一時驚慌失措，腦中浮現的全是「他騙了我」、「他不是我認識的兒子」。

她情緒激動地將安東尼的照片與信件通通丟掉，甚至在村裡公開表示要與兒子斷絕來往。鄰里間的流言四起，讓這個家庭蒙上一層陰影。

三天後，瑪莉亞接到警局來電通知她前往確認身分。到了現場，她才發現那名嫌犯根本不是安東尼，只是長相相似的陌生人。警員告訴她：「妳兒子是舉發這起案件的重要證人，協助警方破案，現在正受到保護中。」

瑪莉亞當場癱坐，淚流滿面。她痛苦地自問：「我怎麼會懷疑自己的孩子？」

回到家中，她望著空蕩的屋子，心中滿是懊悔。自己因一時衝動而錯怪了最信任的人，更在眾人面前踐踏了親情。幾天後，安東尼回到村裡，母子相擁而泣，但裂痕已深。瑪莉亞用了很長一段時間去彌補那份被傷害的信任。

深思之後，方能避免痛心的代價

在生活中，我們常會因為一時的情緒、誤解的資訊，傷害了最不該傷害的人。誤會來自於不夠了解、也來自於急於做出結論。若能在心中保留一點耐心，停下來觀察、思考，也許就能避免一場遺憾。

關係的信任，就像玻璃，摔碎後即使黏起來，也難再回復原貌。有時候，我們不需要太多聰明，只需要多一點理解與寬容，就能守住一份真情不被誤傷。當面對爭執或誤會，最該做的，是先按下心裡的火氣，讓事實慢慢說話。這樣的智慧，比衝動來得珍貴。

選擇先後，決定格局

一位年輕的時間管理顧問，受邀到一間科技新創公司進行內部演講。他沒有準備投影片，也沒有開場白，而是拿出一個透明行李箱，引起大家一陣好奇。

他首先從側邊掏出幾件看似笨重的物品：一台筆電、一雙慢跑鞋、一本厚重的書。他將這些東西一一放進行李箱。放完後，他問在場員工：「你們覺得，還能再裝什麼嗎？」

有人搖頭，也有人表示：「也許還能放些衣物。」於是，他從背後拿出一疊摺好的襯衫和 T 恤，塞進筆電與書的空隙間。接著，他又取出一袋盥洗用具與行動電源，全都放了進去。他提起箱子搖晃幾下，看似已經擠到極限。

就在大家以為已經結束時，他又從口袋掏出一把零錢，嘩啦一聲倒入，零錢迅速滑入縫隙，沒有浪費一點空間。他笑了笑，蓋上行李箱：「如果我一開始先放進零錢和雜物，這些真正重要的東西根本進不來。」

現場頓時鴉雀無聲，有人低下頭，有人抿嘴一笑。那一刻，他們才明白：行李箱就是我們的時間和人生，若不先裝進真正重要的事，其他小事就占據全部空間，而我們也將錯過那些對生命真正有價值的安排。

真正重要的，不是塞多少

許多人常將時間填滿瑣碎雜事，以為能讓人生更充實，卻總覺得生活愈來愈沉重，重要的夢想、目標、健康與家人反而被擠到一旁。現代人容易在忙碌中迷失方向，總以為「再晚一點做重要的事也無妨」，結果一拖再拖，機會悄悄流逝，留下遺憾。生活不是要填滿，而是要放對順序。

目標、關係與信念，就是你的「重要的事」，別等到行李箱被填滿了瑣碎與雜音，才想著補救。當你能清楚區分什麼該先放入生命的罐子，什麼可以延後或捨棄，你的人生就會從擁擠變得清晰，從疲憊轉為踏實。先處理對的事情，才不會錯過真正值得的東西。

誰才是真正的審判者

一位地理老師在海邊散步時，看見一艘小漁船被突來的浪打翻，船上的幾人全數落水。他望著漸漸平靜的海面，喃喃低語：「為什麼這些無辜的人要承受這種災難？上天真是不公平。」

正當他陷入情緒時，腳邊傳來陣陣灼痛。他低頭一看，是一群螞蟻正在他鞋邊搬運食物，其中一隻爬到他腳踝上狠狠咬了一口。他氣得不分青紅皂白，抬腳就踩，將那一小撮螞蟻全數踩成一片泥。

這時，有個小孩剛好經過，看見老師怒氣沖沖的模樣，便問：「老師，你不是剛才才說那艘船上有無辜的人嗎？那這些螞蟻呢？牠們全都有錯嗎？」

老師一愣，彷彿被人當頭棒喝。他這才意識到，剛才自己才批評命運不公，如今卻用相同的方式審判了眼前的生命，連思考都沒有。

審判前，先審視自己

我們總希望世界公平，命運明辨是非，但若我們自己都無法保持清明，憑什麼去批判天地的安排？真正的覺醒，不是要求一切如你所願，而是學會從自己開始，放下偏見，學會理解。

放下心中的包袱

在一座古老的山徑上，一位年輕的旅人正努力攀爬，忽然他在狹窄的山道上踢到一個沉甸甸的布袋，這布袋不但礙腳，還差點讓他跌進山谷。他氣得將袋子推開，可沒想到袋子反而越滾越大，轉眼間幾乎擋住了整條道路。他又驚又怒，拔劍就劈，結果袋子竟像活物一樣脹大起來，把路徹底堵死了。

這時，一名路過的老者笑著對他說：「年輕人，你越是在意它，它就越不肯離開。那不是普通的袋子，而是『執念』。你不理它，它自然會縮小；你越攻擊，它就越反擊。」年輕人頓悟，轉身離開，沒再理會那袋子。果然，他回頭時，那礙腳的布袋已經變回不起眼的大小，悄悄滾下山崖。

人們常說仇恨是敵人，但很多時候真正讓我們痛苦的，是心中放不下的執念與怨氣。你越是執著於某個傷害，它就越是控制你的情緒，最後不是你征服它，而是它困住你整段人生。

執著的代價

另一座城市裡，有位畫家因多年未能成名，心中充滿怨懟。他覺得是某位評論家在公開場合批評了他的作品，才讓他失去展出的機會。他將所有的失敗歸咎於這個評論家，甚至開始畫一些帶有攻擊意味的畫作，只為發洩怒火。原本畫筆該是用來創作美好，如今卻成了仇恨的延伸。他的朋友多次勸他轉念，但他只冷笑：「只要能讓他知道我的痛，什麼都值得。」

直到有一天，那位評論家突然病逝，畫家才猛然意識到自己這些年浪費了多少時光，一直活在過去那一場批評裡。原本可以繼續創作、提升技巧的他，卻選擇將大好光陰交給了仇恨與報復的幻想。等到那段恩怨無法再解時，他才發現自己被困在一個從未開鎖的牢籠裡，而鑰匙，一直就在自己手中。

讓心自由，才能走得更遠

生活中，許多障礙不是別人放在我們面前，而是我們自己不肯放下的心結。不論是仇恨、委屈，還是怨懟，只要你緊抓不放，它們就會像那袋越滾越大的障礙，擋住你前行的腳步。唯有釋懷，才能騰出手去迎接下一段風景；唯有放下，才能讓心真正自由。

別讓怨念主宰你的方向，也別讓過去的傷害阻止你前進的力量。當你不再對那些礙腳的情緒耿耿於懷，你會發現，原來人生的路，比你想像中寬廣許多。

被原諒的那一刻

有個年輕商人經營生意失敗，欠了一位有名的富商不少錢。他傾盡所有仍無法償還，富商怒不可遏，準備將他連同妻小都抓起來，換取債務的部分補償。

年輕商人跪倒在地，苦苦哀求：「請您再給我一些時間，我一定努力工作償還這筆債務，求求您，寬容我一次。」富商看著這個跪在地上的年輕人，忽然想起自己年輕時也曾落魄過，於是心一軟，嘆了口氣說：「算了，這次我就放你一馬，這筆債我不追了。」

年輕商人感動萬分，淚流滿面，不停鞠躬致謝，眾人也為富商的大度感到欽佩。

忘了原諒的人

可幾天後，這位剛得赦免的商人在街上遇見一位舊時朋友，那人也曾向他借過錢，一直還沒還清。他立刻衝上去，怒氣沖沖揪住對方衣領，大聲質問：「你怎麼還不還我錢？你以為我忘了嗎？」

對方嚇得跪在地上求情：「我現在真的周轉不靈，請再給我幾天，我保證一定還你。」

商人不為所動，立刻報警，想將對方送入牢中。

這件事很快傳開了，連富商也聽說了，他感到十分氣憤，親自將年輕商人找來質問：「你忘了我剛放過你一條生路？你連自己被寬容的恩情都忘了，還有臉去逼人？你這種人不值得寬恕！」說完，他命人將年輕人關起來，直到還清所有債務為止。

真正的寬容來自內心的理解

我們常常希望別人能體諒自己，但卻吝於給予別人一點空間。當我們被寬容的時候，覺得那是理所當然，但換作自己原諒他人，卻斤斤計較、耿耿於懷。其實，寬容不只是一種慈悲，更是一種能力，一種能看清人性、理解弱點的智慧。

曾經有一位婦人與鄰居爭執多年，兩人互不相讓，生活如同戰場。某天夜裡，鄰居惡作劇，在她家門口掛了一個象徵死亡的黑色紙圈。婦人隔天見狀，並未生氣，反而種下一盆色彩繽紛的花，悄悄放在鄰居門前，回以微笑。從此，兩家人冰釋前嫌，重歸於好。

寬容是一種選擇，是在別人傷害你的時候，你仍選擇給出善意的回應。這不表示你軟弱，而是你夠堅強，能不被仇恨拖著走。真正強大的人，從來不靠報復來證明自己，而是靠寬容成就更高層次的自己。

在這個人來人往、摩擦不斷的社會裡，每個人都有可能是被傷害的一方，也有可能是加害者的一方。學會寬容，意味著你願意放下那些糾結，讓心中的石頭不再壓得你喘不過氣。原諒別人，就是釋放自己。真正懂得寬容的人，才是走得最遠、活得最自在的人。

修練脾氣，成就氣度

有一位學生叫杜成，他即將遠赴外地，出發前幾位好友來送行。當中一位老朋友在庭院邊踱步邊叮嚀他：「成啊，你去外地了，記得要學會忍耐。」

杜成微笑點頭，表現出一副受教的模樣。沒想到老朋友繼續說：「你真的要忍，在外地生活有時候就是要吞下去。」杜成再次點頭，仍不發一語。沒多久，老朋友又第三次語重心長地提醒：「記住，要忍！」

杜成終於忍不住，皺著眉，略帶怒氣地說：「這麼簡單的話講這麼多次，你把我當成白痴嗎？」話一出口，老朋友不怒反笑：「你才聽三遍就火大了，還說你學會了忍耐？」

有些人總以為自己修養不錯，但遇到一點點挑釁就火冒三丈，那其實只是裝出來的涵養。一個真正能耐得住性子的人，不會因為一句話就失了氣度。

真正的沉穩，是從忍得住開始

許多人對「忍」這個字避之唯恐不及，覺得那是懦弱，是委屈自己。但其實，忍不是示弱，而是一種成熟的選擇。人生在世，無論是在家庭、職場還是人際關係中，總會有不如意、被誤解、被冒犯的時候。若每次都要據理力爭、回嘴還擊，只會讓日子越過越累。

一個能忍的人，才能看得遠、走得穩。忍，不是壓抑情緒，而是懂得選擇何時該說、何時該靜。讓一步，不代表輸了，而是贏得了空間與尊重。有時候，一場風波就因你的克制而平息，一個誤會也因你的沉默而化解。真正有力量的人，是不靠聲音大小來證明自己，而是懂得如何不讓情緒牽著走。

從心開始，練就氣度

能管住脾氣，才是真正的強者。不衝動，不任性，是對自我的尊重，也是對他人的體貼。忍得住一時的怒氣，才能贏得長遠的寧靜。成熟的人不會因一時感覺行動，而是經過思考再選擇反應。

人生的修行不在別處，就在一次次選擇忍或不忍的時刻。你忍得了，就多一分智慧；你讓得下，就多一分寬容。這樣的人生，才能活得更自在，更踏實。

一時方便，卻留下無法揮去的痕跡

楊峻在鄉下老家有一個祖傳的杉木水桶，桶身厚實、質地清香，向來是家中汲水、釀醬的好幫手。每次用它從井裡打水，不僅水質清澈，還會透著一股淡淡的木香。鄰居們常稱讚這桶子特別靈氣，連做飯用它打來的水都格外好吃。

某日，老同學建豪來訪，說急著釀酒，桶子臨時壞了，想借楊峻家的桶三天應急。楊峻聽了一口答應，還拍胸脯說：「我們是朋友，拿去用吧，用得順手再說。」三天後，建豪準時把桶送回，表面看起來乾乾淨淨，絲毫無異。

沒想到從那之後，一切變了樣。桶子再用來打水，水中竟浮起若有似無的酒味。剛開始楊峻還以為是自己的錯覺，後來不管是打水、裝豆、甚至用來蒸米，通通帶著酒香。鄰居聞到氣味，還打趣他是不是偷偷轉行釀酒，酒鬼更是跑來敲門問：「是不是有私藏的好酒？」

留下印記的，是選擇

為了清除味道，楊峻嘗試用熱水煮、陽光曝晒，還請來老師傅幫忙用鹽巴和米糠刷洗，甚至刨去內壁一層木材，然而無論怎麼處理，那股浸入木紋的酒香始終無法散去。

一年後，他只能無奈地把這陪伴多年的老桶送進柴火堆，燒掉前，他搖搖頭說：「人啊，就像這桶子，一旦把不該裝的東西放進心裡，再怎麼清洗，也很難回到從前的模樣。」

這話不是怨恨，而是領悟。那並不是桶子的錯，而是在毫無防備下，把它交給了不該使用的方式。桶仍是那個桶，只是經過了不屬於它的經歷，就再也回不去原來的樣子。

選擇純淨，保護初心

生活中的我們，也像是原木製成的桶。看似堅固，實則會吸附所接觸的一切。有時我們以為只是暫時的妥協、短暫的便利，卻沒料到，那些選擇可能留下永久的印記。

如果在年輕時染上惡習，哪怕只是一點點，也可能一生都甩不掉那股氣味。真正的潔淨不是事後拚命掩蓋，而是在選擇當下守住原則。

堅守本心，比拚命修補來得更重要。別等到心染上氣味，才想起曾經清澈的模樣。守住自己的桶，也就是守住未來的路。

狼口之下的選擇

在一處偏遠的林邊，一隻灰狼因為吞食獵物太過急躁，不慎讓一塊銳利的骨頭卡在了喉嚨裡，痛得牠在地上打滾，張嘴哀嚎。牠發出消息，向整個森林宣稱：「誰能救我一命，我將重金回報，絕不失信！」

消息很快傳遍了山谷，一隻天鵝般長喙的白鷺聽見後心動不已。牠盤算著，若能得到狼口中的報酬，未來幾年便不用為吃喝奔波。於是，白鷺鼓起勇氣飛到狼身邊，小心翼翼地將長長的喙探進狼的嘴裡，歷經一番掏撈，終於成功取出那根骨頭。

牠拍翅高興地說：「我幫了你一個大忙，現在該是你兌現承諾的時候了。」然而狼卻瞇起眼，露出牙齒冷笑道：「你竟能安然地從我嘴裡抽身而出，還有命活著回來，這已經是最大的恩賜了。你還想要什麼？」

白鷺氣急敗壞，卻又無可奈何，只能悻悻離開。牠一邊飛，一邊自責：「怎麼會相信狼的話？原來所謂的重賞，不過是餌。」

這件事很快在森林中傳開了，成了鳥獸間的警世故事。有的說白鷺太貪，有的說狼太詭詐，但不論哪一方說得有理，最終損失最大的，仍然是那隻一心想靠近利益中心的白鷺。

這樣的局，不只存在於森林。在現實中，我們也常常被「重賞」迷惑。有人為了高薪而接受不合理的職場條件，有人為了短期利益涉入灰色地帶，也有人為了討好權貴犧牲原則。當誘惑被包裝成機會時，若沒有保持警覺，就會像那隻白鷺一樣，以為撿到了好處，實則已把頭伸進了狼的嘴裡。

貪念越重，陷得越深

這世界上，從來不缺包裝成甜頭的陷阱。當一個回報聽起來好得令人難以置信，往往也意味著風險巨大。真正聰明的人不是看見「重賞」而動心，而是懂得評估這筆買賣是否值得、是否安全。

白鷺的悲劇，是一場因貪心而產生的誤判。別因一時的利益，犧牲了最重要的東西 —— 你的判斷、你的價值，甚至是你的安全。

當你遇見一隻張口保證的「狼」，別只聽牠說了什麼，更該想清楚，自己正站在哪裡。因為狼的嘴，從來不是交易的場所，而是吞噬的開端。

真正動人的美，是從心開始

在繁華城郊，有位富商以七名貌美如花的女兒為傲，每當家中有賓客來訪，他總會安排女兒們盛裝出場，一一介紹，期待從客人臉上看見驚艷讚嘆的神情。女兒們的確容貌出眾，無不膚白貌美、儀態萬方，富商因此倍感驕傲，彷彿擁有世上最珍貴的財產。

有一天，一位異地而來的旅人拜訪富商，富商照例介紹他引以為傲的女兒們，並向旅人提問：「你覺得我的女兒們，美不美？」

這名旅人沉吟片刻，提出一個建議：「不如讓她們在不同街道走三天，如果所有人都說她們漂亮，我就給你五百兩金子；但若有一人說她們不美，你就給我同樣的金額，如何？」富商自信滿滿地答應，心想：「我女兒這麼美，還會有人說不美嗎？這筆錢我賺定了。」

連日來，他帶著女兒們在城內各地遊走，果然所到之處無人不稱讚，眼看黃金即將入袋。第三天，他們走進一處靜謐寺院，見到一位年邁修行的法師。富商問：「大師，您覺得我的女兒美嗎？」法師平靜回應：「不美。」

這回答像當頭棒喝，富商氣急敗壞，質問：「為什麼全城都說美，只有你說不美？」法師輕聲說：「世人看的是臉，而我看的是心。若她們的心中充滿善意，不貪不惡，那才是真正的美。」

富商啞口無言，懊悔不已。他這才明白，原來美不只是外表的華麗，更是內在的涵養與德行。

外表的光彩，不敵內在的光亮

不久前，在南方一個城市裡，一位年長婦人每天在市區大街清掃街道。她的衣著破舊、手腳粗糙，經常被路人嫌棄。許多人從她身旁經過時，會刻意繞開，甚至掩鼻走避。

但這位婦人從不怨天尤人，默默做著她的工作。某日，一位社會運動者注意到她，與她交談後，才得知這位婦人雖處於卑微工作，但她勤奮又善良，幫助過許多街友與孤苦老人，甚至默默捐出微薄的薪資協助困苦家庭。

運動者為她拍下了一張照片，搭配文字貼上網路，不久便引起熱烈關注。原本被忽視的她，成為許多人心中真正的美麗典範。人們才驚覺，原來真正的美，並非華服與濃妝，而是樸素裡的一顆慈悲心。

美的力量來自心靈的溫度

真正的美，不在於容貌的精緻與否，而在於心地的善良與行為的真誠。外貌只是一層薄薄的包裝紙，時間會將它逐漸撕開；唯有心靈的光芒，會隨著歲月更加深沉與動人。

人生的道路上，我們都會遇到許多不同的人。有些人讓你讚嘆，有些人讓你尊敬。而最令人懷念的，往往是那些用心去對待世界、用善去感染他人的人。

所以，別急著讓別人記住你的臉，先讓他們感受到你的溫暖。真正的美，是能夠照亮他人，也能成為自己生命中最堅定的光源。這樣的美，不會凋謝，不會褪色，而是永恆長存。

轉個角度，化解對立

在一場國際青年設計工作坊上，來自不同國家的參與者們圍坐討論空間設計方案。當討論到展區動線設計時，立場很快產生了明顯分歧。

來自冰島的設計師愛莉絲主張將展區設計為封閉動線，以引導觀眾循序漸進欣賞展品。她堅定地說：「觀展應該像閱讀一本書，有頭有尾，不能隨意穿插，否則觀感會被破壞。」

但來自印尼的設計師法赫米卻有不同的看法。他主張採取開放式動線，讓觀眾自由穿梭。他說：「我們需要一種能自由探索的空間，人們不應該被路線限制，他們該跟隨自己的興趣選擇順序。」

雙方說得都有道理，但誰也不肯退讓。會議氣氛逐漸變得僵硬，設計提案也卡在原地。主持人一時難以調解，會議只得暫停，讓雙方冷靜。

休息期間，來自香港的設計師林瑋靜悄悄地拿起紙筆，重新劃出一個結合封閉與開放動線的展區結構。她設計了一條主線貫穿全場，引導觀眾順序走訪，但也加入了幾處可自由切換的開放入口，使得觀展者在不迷失主線的情況下，仍能自由體驗。

下一輪討論時，林瑋提出了她的構想。令人意外的是，雙方都點頭接受了這個方案。愛莉絲說：「這樣能保留結構，又有彈性，真的不錯。」法赫米也笑著說：「我欣賞這種自由中的秩序感。」

衝突不是問題，觀點才是關鍵

人與人之間的矛盾，往往不是來自對與錯，而是角度與需求的不同。若始終堅持己見、不願改變，只會陷入僵局。然而，只要換個角度思考、設法整合彼此所需，就可能找到第三種答案，讓雙方都能接受。

真正的智慧，不是贏得爭論，而是創造共贏的解法。僵局不是因為問題太難，而是因為心太窄。生活中，面對各種意見衝突，我們不妨也像林瑋一樣，退一步重新構思，把「對與錯」變成「如何更好」，那麼看似無解的局面，也會因此豁然開朗。

盲目追求毫無意義

小梅是一隻住在森林邊緣的年輕松鼠，個性活潑又節儉。某天，她在樹上玩耍時，聽聞飛鴿快遞散播了一則消息：森林裡的倉鼠商店要清倉大拍賣，所有堅果、種子、乾果一律半價，數量有限，售完為止。這個消息像旋風一樣席捲了整片森林，大家紛紛往倉鼠商店湧去。

小梅沒多想，立即帶上存了整整一季的食物錢，火速趕去加入搶購行列。她搶到了幾袋看起來高級又便宜的「焦糖蟲乾」和「鹽醃蟋蟀脆片」，心裡樂得像撿到寶。一路上，她邊走邊幻想媽媽讚許的模樣，覺得自己真是個會過日子的好幫手。

當她氣喘吁吁地扛著兩大袋蟲乾回到樹洞時，松鼠媽媽正準備烘烤松果蛋糕，一看到那些袋子，臉立刻沉了下來：「這些東西從哪來的？」小梅還來不及自豪開口，媽媽就嚴肅地說:「我們是松鼠，吃的是堅果與果實，這些給肉食動物吃的蟲乾根本不適合我們。」

小梅一聽，頓時臉紅到了耳根。她看著自己用掉一整季儲蓄換來的食物，全都是自家不能吃的，滿心懊悔。

選擇之前，要先問「我真的需要嗎？」

森林裡的朋友們聽聞這件事後紛紛嘆息，也有人笑小梅貪小便宜、沒頭腦。可事實是，很多動物也有過類似的經驗，只不過沒人願意承認。像是樹熊哥哥曾在促銷時買了一堆辣味竹葉茶，結果喝一口就燒喉嚨；山羊姐姐曾因搶購迷你帽子，結果戴不上只好送給貓頭鷹。

在生活中，我們常常因為「太便宜了不買可惜」、「大家都搶我也要搶」而失去了理性，買下一堆不合用的東西。尤其當促銷活動製造出「限時限量」的氣氛，更容易讓人誤以為眼前的是

「機會」而非「陷阱」。

真正該學會的，不是精打細算的技術，而是選擇前先冷靜問自己：「我真的需要嗎？」當你一味追逐優惠，卻忘了自己的需求，最後可能像小梅一樣，滿手商品卻無處可用，連想換回都來不及了。

過度貪圖機會，反而會錯失真正的機會。學會辨別自己要什麼，比學會搶便宜更重要。

一雙給人尊嚴的眼睛

在風雨交加的午後，一位疲憊不堪的街頭藝人拖著破舊的吉他盒，緩緩走入公園。他的外套破了個洞，鞋底開了口，滿臉風霜。人們或冷眼旁觀，或加快腳步閃躲，就連平日熱情的攤販，也裝作沒看見。

他輕輕撥了幾下琴弦，卻發不出完整的音符。周遭的冷漠讓他心灰意冷，他低下頭，轉身想離開。

這時，一位清潔工推著垃圾桶經過，並停下腳步，拍了拍藝人的肩說：「你的琴，走音了吧？我以前也玩過吉他，調音工具我剛好有一個，借你用。」說完，從口袋裡掏出一個小調音器遞給他，還陪他聊了幾句音樂話題。

藝人頓時紅了眼眶，雙手緊握著清潔工的手，連聲道謝。

清潔工有些不好意思：「我又沒給你錢，謝什麼？」

他擦了擦眼角說：「你給了我今天唯一一雙不嫌棄我的眼睛。」

不一定要給什麼，只要不奪走對方的尊嚴

我們常以為只有給予金錢或實質幫助，才算是善意，卻忽略了「不讓人難堪」其實才是最有力量的溫暖。

許多時候，一句誠懇的問候、一個不帶歧視的眼神，甚至是認真聆聽對方講話的耐心，都能成為讓一個人撐下去的動力。

被需要與被尊重，是每個人最基本的心理渴望。當社會給予邊緣人、弱勢者的，只有施捨而非平等的眼光，他們內心不但得不到溫暖，還可能因此更加自卑與疏離。

真正讓人感激的，不是你給了他多少，而是你是否把他當成一個「人」來對待。正如那位藝人感謝的，不是調音器，而是那位清潔工沒有用「可憐」或「輕視」的態度面對他，而是站在朋友的立場、對等的姿態接住他低落的一刻。

在這個充滿比較和評價的世界裡，如果我們能學會在給予時，多一些尊重與平等，也許比金錢更能改變一個人的一天，甚至一生。

人生的遞進課題

在一座神殿中，三個靈魂依序前來訴說他們的遺憾。

第一位是一位雙腿萎縮的雕刻家，他向神祇訴苦：「我熱愛創作，但你卻奪走了我奔跑的能力。別人能自由行走，而我只能坐在輪椅上望天興嘆，這公平嗎？」

神祇不語，引領他走進一個透明長廊，在那裡，一位剛從人世離去的攝影師正在整理自己未完成的作品。攝影師見到雕刻家，輕聲說道：「你至少還活著。只要活著，就還有機會拿起刻刀，再創一件作品。我多想有你現在的時間啊。」

雕刻家沉默了。

第二位踏入神殿的是一位公務員，仕途沉浮令他滿腹牢騷。他對神祇說：「我忠誠為政，卻始終不得重用。難道命運真的這麼偏心？」

神祇讓他與前一位雕刻家相遇。雕刻家笑著說：「你羨慕權位，我卻羨慕你能走能跑。你能在機關奔波、與人交涉，這就是我渴望卻永遠無法得到的自由啊。」

第三位來者是一位青年。他焦慮地說：「我努力工作、熱心交友，卻總被人忽略，我懷疑自己是否不值得被尊重。」

神祇讓他見見那位仕途失意的公務員。老者拍了拍青年的肩說：「年輕，就是你最大的本錢。你還能試錯，還能轉彎，還有一整段人生等著你去塑造。等你老了，才知道，有時間重新來過是一種恩賜。」

懂得比較的人，才知道珍惜

人總是容易盯著自己的缺口，看不見自己擁有的完整。當我們埋怨命運不公時，也許正站在別人夢寐以求的位置。你抱怨工作繁忙，有人卻正為找不到工作而苦；你嫌棄生活平淡，有人卻在病床上渴望哪怕普通的一天。

慌亂中的選擇錯誤

一位農夫帶著兩籃新鮮蔬菜和一籃雞蛋，準備到市集上賣。天剛亮，他便推著手推車出門，走過一座橋時，橋邊站著一名衣著寒酸的人大聲求助：「先生，我家小孩病了，能不能借我幾顆雞蛋煮點東西給他吃？」

農夫一時心軟，拿了幾顆雞蛋給他，轉身繼續趕路。沒想到，轉角處又碰上一位看似熱心的人說：「前面有工地封路，車子過不去，不如把推車暫放我家院子，等會我幫你搬過去。」農夫感激地答應了，把車交給對方，跟著他走到小路另一端。

然而，等了許久，對方卻不見蹤影，農夫折返原路，整車的菜和雞蛋早已消失無蹤。他氣急敗壞地繼續往前走，途中看到一個小女孩坐在地上哭泣，說她的母親病倒了，手裡拿著一張紙條請求農夫幫忙送藥。

農夫感到同情，收下紙條急奔到鎮上的藥鋪，卻被告知這根本是張白紙。當他連夜回家，天已黑，錢沒賺到，菜蛋沒了，只換來滿肚子的怒氣與疲憊。

隔日，鄰居問他怎麼兩手空空回家，他一五一十地說了經過。鄰居嘆了口氣道：「你不是缺同情心，而是缺警覺心。人心未必都善，太容易相信他人，結果你一次又一次成了人家的獵物。」

農夫終於明白，自己一路上並不是因為「倒楣」才遭遇損失，而是因為沒有在關鍵時刻保持冷靜去判斷。他並不缺勇氣幫助人，只是沒學會辨別真假與拿捏分寸，最終好心反成代價最高的錯付。

好心過了頭，反變犧牲者

人生在世，善良固然重要，但善良若沒有智慧相伴，就容易成為欺騙的對象。同情並非錯誤，但若缺乏基本判斷能力與警覺性，好意也可能引來傷害。在面對突發狀況或他人請求時，保持一份理性思考，比急著做出回應來得重要得多。真正成熟的善良，是懂得在不傷自己原則的前提下幫助他人，如此才能不斷行善，也不會讓自己一再受損。

選擇的勇氣

一隻年輕的狐狸在森林裡發現兩個洞穴，一邊傳來陣陣果香，另一邊飄來誘人的肉香。牠餓得前胸貼後背，卻不知道該先走進哪一個洞穴。牠站在兩個洞口之間來回踱步，心想：萬一選了果香的，錯過了肉怎麼辦？可若先吃肉，待會水果也被其他動物搶光了怎麼辦？

就這樣，狐狸反覆盤算，左顧右盼，甚至一度在原地打轉，幻想是否能同時進入兩個洞穴。直到太陽下山，兩個洞口都被夜色吞噬，牠終於餓得昏倒在地，一口食物也沒吃著。

害怕失去，成了牠失去一切的原因。

被機會困住的人

一名剛畢業的設計系學生，有機會進入一家廣告公司實習，也同時獲得出國進修的獎學金。他陷入兩難之中：留在國內可能累積人脈與經驗，出國則可能拓展視野與前景。他思考一週，寫了十幾張利弊分析，仍舊猶豫不決，最後兩邊都錯過了。

另一位二十七歲的女生與男友穩定交往六年，但對方工作不穩、未購房，讓她遲遲無法決定是否結婚。朋友介紹一位條件優渥的新對象，她也約出來吃飯，卻在餐桌上神遊，想著那個熟悉的人與過去的點滴。最終她沒答應任何人，也與原本的戀情漸行漸遠。

選擇是人生的必修課。選擇意味著放棄，也意味著承擔。怕選錯、怕後悔，成了許多人在關鍵時刻止步不前的原因。然而一味逃避與拖延，才是真正讓人錯過機會的元凶。

從現實出發，從小步開始。我們無需一開始就走出完美的答案，而是可以用一步步行動來讓選擇變得明朗。真正的智慧，不在於永不犯錯，而是勇於前行並從中學習。

只有敢於選擇，才有可能得到。不願放棄，就只能原地踏步。就像那隻狐狸，不是因為餓才死，而是因為牠太怕選錯。

真正價值藏不住

在山村裡有個人名叫石福，他一輩子節儉成性，喝的是冷茶，吃的是饅頭碎渣，衣服總是縫縫補補。他最大的興趣就是存錢，捨不得用一分，心裡只盼著有朝一日能「富甲一方」。

終於，石福攢夠了一筆錢，買下了一塊亮閃閃的大黃金。回家那晚，他坐立難安，擔心半夜會有小偷闖入，於是天還沒亮，他就悄悄在院子角落挖了一個坑，把黃金藏了進去。

此後他隔幾天就挖一次，雙手捧著黃金看上許久，然後又小心翼翼地埋回原位。鄰居覺得他近來行為怪異，有人留意觀察，最終發現了他的祕密。有一天晚上，黃金真的被偷了。

石福隔日發現時嚎啕大哭，引來鄰人關心。一位路過的老者聽完他的遭遇，笑著說：「你每天把黃金埋起來，從沒用它做任何事，其實和埋塊石頭沒什麼兩樣。既然你從不打算用它，那你還傷心什麼？埋回一塊石頭，你一樣可以開心地看半天嘛。」

這話讓石福一時語塞，才發現自己執著多年的東西，不過是一種無用的幻想。

能力要展現出來

另一個都市的商人，在出國前把資產交給三個助手管理。他分別給了他們不同數額的資金：一位拿了一萬元、一位拿了五千元、另一位只拿了兩千元。他叮嚀說：「我不在這段時間，錢就交給你們自由運用。」

數月後他歸來，三位助手交回成果：第一位靠投資讓一萬元翻倍變成兩萬；第二位的五千也翻倍成了一萬；第三位卻說：「我太害怕出差錯，便把錢埋了起來，現在原封不動還你。」

商人皺起眉頭：「你怕風險，我能理解。但你不願嘗試，也不讓這筆錢產生價值，這不是保護，是浪費。」

他當場把兩千元轉給了第一位助手，對第三位說：「真正一無所有的，不是口袋空了的人，而是把機會活埋的人。」

發揮才是真正的擁有

黃金若不用，只是沉重的負擔；能力若不用，只是被塵封的空殼。你若有才華，就讓人看見；你若有資源，就讓它創造價值。否則，黃金只是石頭，你的才能也只是幻想。

別讓恐懼把你困在原地，也別讓所謂的「安全」成為不作為的藉口。能量和資產都該流動，你的人生，亦是如此。

無私的出手

某次高爾夫錦標賽落幕後，選手李楷憑著精湛球技奪得冠軍，手中握著沉甸甸的獎金支票。他剛從媒體包圍中脫身，在停車場準備離開，忽然一位神情憂愁的年輕女子上前向他祝賀，隨即低聲訴說自己有個病危的孩子，醫療費用高昂，實在無力負擔。

李楷聽完後沒有猶豫，當場將手中的比賽獎金支票簽名遞給她，只簡單說道：「希望這能幫上忙，祝你孩子早日康復。」那位女子熱淚盈眶，向他深深鞠了一躬便離去了。

一週後，李楷被高爾夫協會的負責人叫住。對方一臉遺憾地告訴他，那位女子其實並沒有孩子，也沒生什麼病，只是一名編造故事的騙子。

「所以……根本就沒有一個孩子正在生死邊緣掙扎？」李楷反問。

「完全沒有。」負責人說。

李楷放下手中的餐具，鬆了一口氣，語氣輕鬆地說：「那真是我這一週聽到的最好消息了。」

給予，是一種力量

當我們願意相信別人，願意給予，即使有時候被誤導，所帶來的善意卻沒有白費。李楷雖然被騙了錢，但他更在意的是：這世上少了一個正在受苦的孩子，這不正是一件值得感恩的事嗎？

很多人計較金錢的得失，卻忽略了背後所代表的價值。對李楷來說，金錢不是失去了，而是被用來實現一個本以為存在的願望。他沒有收回支票，也沒有憤怒，因為他知道，自己伸出的那雙手原本就是為了幫助別人，而幫助別人的初衷，從來不該被後來的真相所抹滅。

善意與慷慨，是一種力量。它不在於被誰看見，也不在於最終換得了什麼實際的回報，而是那份來自心底的光亮，會一直陪伴我們前行。

回報從不缺席

當我們在生活中學會付出，不論是幫助、關心，還是寬容與理解，這些都將在某個時刻回到我們身邊，也許不是金錢，也許不是掌聲，但一定是一種讓人安心且踏實的收穫。

真正富有的人，不是擁有最多，而是最願意分享。如果你想要更多的幸福與愛，就從給予開始。與其懷疑世界，不如選擇相信，選擇散播善意，選擇成為那個讓他人鬆一口氣的人。

當你給予那些永遠無法報答你的人時，其實你給予的是整個世界。而這世界，也會用另一種方式，把最好的消息送回你心裡。

走自己的路，莫為雜音停步

夕陽餘暉中，兩位年輕人沿著鄉間小道匆匆而行，邊走邊討論即將展開的新創計畫。正當他們談得起勁時，突然間，一隻土狗從路旁農舍的門縫間竄了出來，對著他們狂吠。接著幾隻狗也陸續加入，吠聲此起彼落，彷彿不分青紅皂白地要趕走這兩位不速之客。

其中一位青年頓時怒火中燒，彎腰撿起一塊石頭準備反擊。另一人卻拉住了他，淡淡一笑說：「別浪費力氣。你打了一隻，還有十隻等著吠。我們又不是來跟狗打架的，不如繼續往前走，牠們吼夠了自然會停下來。」

兩人不再理會那群亂吠的狗，只是照自己的方向穩穩邁步。果然，狗群見吠無果，不久後就逐一散去，遠處只剩下幾聲微弱的哼叫，最後寂靜歸於黃昏。

不必回應每一次干擾

在人生的旅途中，總會遇到各種干擾——他人的懷疑聲、無謂的批評、莫名的誤解或來自社會的冷嘲熱諷。就像那些對你叫囂的狗，牠們並不真的了解你，也不曾想聽你解釋，只是出於本能地發出聲音。但你若因此停下腳步，甚至轉身與之爭辯，便偏離了自己的方向，也可能陷入永無止境的消耗。

真正堅定的人，不與聲音爭高下，而是用行動表明立場。你越往目標邁進，那些聲音自然會淡去，甚至無聲無息地從你的人生中退場。畢竟，影響我們前進的，從來不是狗吠，而是我們是否選擇為其停下腳步。

所以，別急著證明自己，更不必對每一句質疑做出反應。與其四處解釋，不如低頭走路。你走得越穩，越久，世界會自動為你讓路。而那些曾經嘶吼的聲音，只會成為你堅持過程中無足輕重的背景音。

走自己的路，雜音自己消散，才是最明智的應對方式。

適可而止，才是智慧

有個莽撞的青年初次離鄉，遠赴親戚家作客。親戚好心為他準備了熱騰騰的一桌家常菜，可他吃了幾口卻皺著眉頭說：「這菜沒味道啊，淡得很。」主人聽見，立刻親自下廚，往鍋裡補加了鹽，重新端出來。

年輕人一嚐，頓時眉開眼笑，讚不絕口：「真香！鹽果然厲害，加了一點，整盤菜就變好吃了！」他一邊吃一邊在心裡盤算：這鹽真是寶貝，能讓菜變好吃，加一點就這麼棒，那下次乾脆多加點，一定更棒！

等他回到自己家，便馬上試驗這個「發現」。但這一次，他既沒準備菜，也沒煮水，直接抓了一大把鹽往嘴裡塞。結果可想而知，他當場鹹得滿臉扭曲、口乾舌燥、苦不堪言，連晚餐都吃不下去了。他這才明白：鹽能提味，但若沒了分寸，就會變成一種折磨。

過猶不及，是生活的警鐘

世上許多事，表面看來是「越多越好」，實際卻藏著深深的陷阱。就如努力本是一種美德，若不知休息，只會燃盡自己；金錢本是生活的資源，若太過貪求，便成了心靈的枷鎖；愛也是人際中最溫柔的力量，若一味糾纏和控制，反而會讓對方窒息。

那一把鹽提醒我們：再好的東西，一旦失去拿捏，也會變質傷人。人生最難的課題，從來不是掌握多少，而是知道「什麼時候夠了」。適可而止，不是退讓，而是一種深刻的智慧。掌握分寸，才有餘地；留白有時反而更有韻味。

真正懂得生活的人，從不貪多求滿，而是能在剛剛好的時候停手，在適時的瞬間轉身。鹽放得恰到好處，菜最香；人生走得恰如其分，才最穩。

看清得失，才不會白忙一場

青年攝影師阿智，剛接了一場婚禮拍攝案。他聽說市區一家器材行正在特價促銷，一顆原價八千元的鏡頭，限量出清五千元。他精打細算後，決定親自跑一趟省運費。

那天早上，他從新竹搭客運，冒著細雨直奔臺北，歷經兩個多小時終於到店裡，結果一踏進門，店員抱歉地說：「不好意思，那顆鏡頭早上剛被搶購完了。」

阿智傻眼，只好悻悻然原路折返。來回四小時車錢近三百元，加上時間和精神消耗，他回到家時，整個人精疲力竭。最後，他還是上網花了八千元買下原價的鏡頭，只因為隔天就要拍攝，來不及貨比三家。

坐在電腦前，他忍不住苦笑：「我為了省三千元，反而浪費更多，還折騰了自己一整天，真是得不償失。」

執著小利，常常忘了真正的代價

現實生活中，我們是否也曾像阿智一樣？為了一點小小的得失計較到底，費盡心神、來回奔走，最後卻發現所得不抵所失，甚至影響了更重要的事情。

有時，我們為了一句話爭辯不休，為了一件小事懷恨多年，為了一點小便宜耗盡心力，但從來沒有問過自己：這真的值得嗎？

學會停下來思考，才會知道什麼是真正該爭的、該要的，什麼又該放下。不是所有的執著都有價值，計較小利而忽略了大局，往往得不償失。

真正聰明的人，不在於把每一筆帳都算得清清楚楚，而是知道哪一筆該算、哪一筆該放。生活不是靠精打細算過得更好，而是靠智慧分辨何時該前進、何時該轉彎。

記得給自己一個喘息的機會，與其為了金錢來回折騰，不如靜下來想想，如何讓明天更值得你去付出。

機會面前的選擇

在一座熱鬧的港口城市裡，一位年輕的小販阿承每天在市場擺攤賣著手工餅乾。他為人老實，價格公道，生意雖不甚興隆，但也過得踏實。有一天，一位穿著講究的商人走進他的攤位，買了一包餅乾後吃得讚不絕口。隔天，商人又出現了，這次他提出要和阿承合作，把餅乾批發到高級飯店銷售。

阿承聽了激動不已，這或許是翻身的機會。商人提出條件：只要阿承能在三天內交出一百盒餅乾，就付他三倍訂金。為了達成目標，阿承四處借錢、連夜製作、幾乎不眠不休，終於在期限內交貨。

可惜，交貨當天，商人卻音訊全無，留下一張假名片與空無一人的地址。阿承才發現，自己陷入一場詐騙。

阿承原本並非貪婪之人，但面對突如其來的高利潤，他內心不自覺浮現出「一夜致富」的幻想。他忽略了查證對方身分，也沒有冷靜評估風險，只一心一意地投入所有，甚至拿出多年積蓄與家人的支援。

他的父親得知後，沒有責怪，只淡淡地說：「孩子，這不是你的失敗，而是一次付費的教訓。真正的富有不是賺大錢，而是能守住自己的判斷。」

阿承痛定思痛，重整攤位，這次不再追求暴利，而是踏實地經營。他把經驗分享給其他攤販，也開始學習分辨商業陷阱。有些顧客聽聞他的故事，反而更信任他，主動幫他宣傳。

當欲望超過理智，反而會讓人失去一切

人之所以會陷入貪婪，是因為對更好生活的渴望。但若沒有界線與判斷力，欲望就會變成吞噬自己的陷阱。在現實中，與其想著「多拿一點」，不如學會「拿得剛好」。機會來臨時，冷靜評估風險、量力而為，才是真正的智慧。踏實的收穫，比空想的金山，更值得珍惜。

失控的自由

退休的林太太，一手拉拔兩個兒子長大。大兒子昇平性格沉穩，留在母親身邊工作，生活雖不富裕，但穩定安心；小兒子彥廷卻一心嚮往自由，總覺得被家庭綁住了手腳。

某天，彥廷主動要求將母親的退休金中屬於自己的那一份提早分配。他說：「媽，我已經成年，想出去闖一番，不想再依賴家庭生活。」

林太太雖心中百般不捨，仍將存款中一部分交給他，叮嚀他凡事要節制。彥廷帶著錢搬離家鄉，初時過得風光，租了漂亮的公寓，結交一群看似成功的朋友，夜夜歡樂，不久後便將

錢花得精光。

當一切消耗殆盡，朋友一個個消失，房租繳不出來，只能寄居在廉價地下室，最後連一日三餐都成問題。他在速食店端盤子，偶爾靠撿回收賺零錢度日，有天餓到翻出垃圾桶裡別人剩下的三明治時，他突然愣住了。

他想起母親做的熱湯，想起哥哥總是靜靜幫他分擔，心頭一陣酸楚。他低聲自語：「我為什麼要把好好的生活毀掉？」

幾天後，彥廷拖著疲憊身軀回到熟悉的家門。門才敲了兩下，林太太便打開門，一見到他立刻紅了眼眶，顫聲說：「孩子，你終於回來了。」

彥廷低下頭：「媽，對不起，我真的搞砸了。」母親沒有責罵，只是拍拍他的背，說：「你能平安回來，對我來說，就是最好的禮物。」

當晚，林太太做了一桌菜，昇平也放下手邊工作一起吃飯。只是他神情有些沉悶，飯後拉著母親到廚房低聲說：「弟弟亂搞了那麼久，妳還為他做這麼一桌菜？」

林太太拍拍大兒子的肩：「你是讓我驕傲的孩子，但你的弟弟迷路了，現在他肯回來，我更該讓他知道，家門永遠開著，永遠有回來的一盞燈。」

跌倒不可恥，放棄才可怕

人生不是每一步都能走得正確，尤其是年輕時，難免因為衝動或自信過頭而偏離方向。錯誤不可怕，重要的是有勇氣面對與修正的決心。浪子回頭，不只是對自己的救贖，也提醒著我們：與其讓人永遠背負過錯，不如給一次重新來過的機會。懂得原諒他人，也是一種智慧與寬容。畢竟，每一顆願意回頭的心，都值得被溫柔以待。

紗布的數字

陳瑋甄是新進人員，那天她跟著主刀醫師做了一場長達十個小時的手術。這場手術難度極高，整個團隊都繃緊神經，直到最後縫合階段，現場終於稍微鬆了一口氣。

正當醫師準備縫合時，瑋甄的聲音突然劃破沉默：「醫師，不好意思，我記得我們用了十塊紗布，可是我現在只找到九塊。」

主刀醫師只是略微停頓，語氣平穩但堅定地說：「我們的器械護理師也點過，是九塊，應該沒錯。」

瑋甄沒有退讓，她深吸一口氣說：「對不起，但我印象很清楚，是我負責遞交的紗布。我請求再檢查一次，這關係到病人的安全。」

這時，醫師看了她一眼，臉上泛起了欣慰的笑容。他舉起左手手心裡握著的第十塊紗布道：「妳是正確的，妳合格了。」

不只是通過考驗

手術結束後，整個團隊都對瑋甄刮目相看，但她並不自滿。她說：「我只是在做該做的事，換作別人，也會一樣堅持吧。」

前輩拍拍她的肩膀說：「不一定。很多人面對權威會選擇沉默，尤其是新進人員。」

那天傍晚，她獨自坐在休息室的角落，回想那一刻的猶豫與決定。她不是為了證明自己，而是因為她不想讓病人承擔一個可能的錯誤。她知道，醫療現場不能靠「差不多就好」的心態。

正直，是專業的起點

正直，不是對別人堅持，而是對自己不妥協。

在追求效率與服從的現場，真正的專業不只來自技術，更來自於面對錯誤時的勇氣。正直不是高聲喊出來的道德標語，而是你願不願意在沒有人鼓掌的時候，依然堅守自己的原則。

每一個讓人信任的專業背後，都藏著一次又一次寧願冒險也不妥協的選擇。而這樣的選擇，才是我們對生命最誠實的回應。

一把鏽斧的承諾

森林裡，住著一位叫阿進的年輕伐木工。他每天清晨背著斧頭上山，砍下的木材經過整修後，一點一滴地蓋起一間屬於自己的小屋。那是他夢想的起點，也是他耗盡幾年青春所換來的成果。

某天他照常將木柴挑去鎮上販售，回程途中卻遠遠看到村子上空冒著濃煙。當他奔回家時，只見火舌已將他的木屋吞噬殆盡，連一張椅子都沒留下。鄰居們拎著水桶相助，但強風將火勢吹得更加猛烈，大家只能無奈地站在旁邊，看著火光將阿進的心血化為灰燼。

火後重生的信念

第二天清晨，灰燼尚未冷卻，阿進卻已蹲在倒塌的殘骸中翻找。他不言不語，動作卻十分堅決。鄰居們看他埋首於焦黑的瓦礫堆，以為他是在尋找藏在屋裡的金銀財寶，也有人替他感到不值：「這年頭，連老天都欺負好人。」

但過沒多久，阿進忽然大喊：「我找到了！」他雙手捧著一把老舊、斷柄、斧刃還有些鏽蝕的斧頭。人群頓時沉默，有人悄悄轉身離開，似乎覺得這樣的執著不過是愚蠢。

阿進卻眼神堅定，當場砍下一截堅韌的樹枝，磨成斧柄，重新嵌入斧頭。他站起身拍了拍手說：「只要我還有這把斧頭，我就還有重來的本事。」

接下來的日子裡，阿進每天重新上山伐木、搬運、削裁，一根一根木頭又堆起來。他的屋子不像之前那麼快蓋好，卻比以前更堅固。他沒有怨天尤人，也沒向誰抱怨命運。他只是相信：人若還握得住那把斧頭，就能重新打造未來。

失去不是結束，是選擇開始的機會

生命中難免會有摧毀的時刻，但真正堅強的人，不是從不倒下，而是願意在瓦礫中找回那把象徵希望的「斧頭」。有時，能夠讓你東山再起的，不是財富、資源或他人的援手，而是你是否還保有那一份相信「我可以再來一次」的信念。

只要你還有斧頭，就沒有什麼不能重建的家園，也沒有走不完的路。真正的力量，不在於你擁有什麼，而是你願不願意再次舉起手中的工具，面對生活給出的考驗。

每次站起來，都讓你更堅強

楊琳是一位剛出社會沒幾年的女孩，從小體能不好，對運動總是敬而遠之，但有一次她參加公司活動時，不小心答應了要一起挑戰一場高山健行。她原本想臨陣脫逃，卻被主管鼓勵：

「妳不需要登得最快，但一定要堅持到最後。」

出發那天，清晨五點，楊琳背著登山包，滿臉困惑又緊張。才走沒幾公里，她便腳底起水泡、頭暈目眩，多次跌坐在地。同行夥伴一個個從她身旁走過，有人幫她擦藥，有人鼓勵她休息一下再走。

每一次摔倒，楊琳都想打退堂鼓，但每次她又撐著站起來。有人問她為什麼不放棄，她只是淡淡地說：「我不想讓這次的自己，被永遠記得是半途而廢。」

從日出走到日落，她拖著疲憊的雙腳，一步一步爬上山頂，當她看到山巒疊嶂、白雲翻騰的那一刻，眼眶溼潤了，不是因為成功，而是因為她沒有停在那一地的狼狽。

永不言棄的信念

不是每個人都能在第一步就走得穩當，人生從來都不是一條平坦的大道，而是遍布石頭與陷阱的小徑。你跌倒過幾次並不重要，真正決定你能走多遠的，是你能否一次次把自己撐起來。

一個站起來的人，不只是恢復了姿勢，更是在與自己的懦弱對抗。在一次次站起來的過程中，內心會逐漸變得堅韌、沉穩，甚至開始學會如何微笑著面對風雨。

堅持不懈並不是盲目硬撐，而是一種對自己信念的堅守。

有些人跌倒一次就懷疑自己，有些人跌倒十次依然相信未來可期。真正的勇氣，不是從不被擊倒，而是能夠選擇在每個困境之後繼續前行。

沒有哪一場戰鬥是白費的，沒有哪一次站起來是徒勞的。你的每一次堅持，都會在未來某個時刻，變成照亮你人生的光。

所以，別在意別人如何看你摔倒的模樣，更重要的是，你是否能夠用站起來的姿態，走完你自己的路。

誠實的樣子，就是最好的答案

在一座島國的小鎮上，市長為了選出一位新的社區青年代表，決定舉辦一場特別的比賽。他發給報名的年輕人每人一包種子，宣布三週後將舉辦一場「誠實栽培比賽」，誰種出的花最具生命力與原創性，誰就能獲勝。

那天報到現場熱鬧非凡，大家拎著花盆，神情雀躍，有人準備了紫色鬱金香，有人培育出罕見的山茶花，甚至還有一名女孩帶來一整盆滿開的金色太陽花，引起陣陣驚嘆聲。

然而，站在角落的江宇，手裡捧著一個只裝了溼土的空花盆，格外顯眼。他低著頭，表情尷尬，身旁的參賽者紛紛投以同情或竊笑的目光。

評審巡視時，市長走到江宇面前，問他為什麼帶來空花盆。

江宇紅著臉說：「我真的每天照料，澆水、晒太陽，可是它就是沒有發芽……我沒種別的花，因為我以為這場比賽是要種您發下來的那包種子。」

市長聽完，停頓了一下，接著當場宣布：「這次比賽的真正目的是考驗誠實。因為那包種子，根本是經過特殊處理後的，不可能發芽。我要找的，正是像江宇這樣，選擇堅持原則、不走捷徑的年輕人！」

現場一片譁然，其他人紛紛低下頭，而江宇則因自己的堅持被表揚，從中脫穎而出。

誠實，是最有力的競爭力

在這個處處講求效率、看重成果的世界裡，誠實似乎成了一種吃虧的選擇。然而，真正的信任從來不是建立在技巧與包裝上，而是誠懇踏實、言行一致的累積。

曾經有一名國中生參加二手市集，桌上只擺著一個用紙板做的小立牌，寫著：「每樣 10 元，如果你覺得值得，歡迎多給一些，如果沒帶錢，也可以免費拿。」結果那天他是市集收入最高的攤位之一。不是他話術高明，而是他的真誠感染了所有人。

誠實，或許無法讓你在短期內獲得所有好處，但它會讓你贏得別人最深的信賴。它是能走得最遠的名片，是在風浪過後依然閃亮的招牌。當世界被虛假與粉飾占據時，誠實是一種最勇敢的選擇。

記住，真誠不是一種策略，而是一種力量。你若忠於自己，世界會悄悄為你讓路。

翅膀還在，別忘了飛

在一間動物復健中心裡，有一隻曾經受傷的小鳥。牠原本是山林中最靈活的飛行者，擁有強壯的翅膀與銳利的視力，總能在高空中迅速盤旋。某年冬天，牠在暴風雨中受了傷，被巡山員帶下山送到中心治療。

復原過程很順利，羽毛重新長好，翅膀經過反覆測試也恢復得很好。所有工作人員都以為牠能重新飛翔。可是，當籠子門打開時，小鳥卻始終站在原地，不願離開。工作人員試了幾次，甚至模擬飛行的聲音與動作，牠還是沒有反應。

「牠是不是怕了？」一位年輕志工問。

資深鳥類醫師嘆了口氣說：「牠曾經連續幾次試著飛都失敗，後來乾脆不再試了……現在，牠的翅膀雖好，卻連展翅的意志都沒有了。」

這隻小鳥，並不是不能飛，而是不相信自己還會飛。牠的信心早在一次次墜落中，慢慢被磨光了。

別讓挫折蓋住天空

有些人在人生的某一階段，就像那隻小鳥一樣，遭遇連續的否定與失敗。從小被批評太多，或是在努力之後仍接連碰壁，久而久之，開始對自己說：「反正我做不到」、「這不是我該試的」、「就這樣過也沒什麼不好」。慢慢地，他們收起夢想、藏起抱負、不再冒險、不再挑戰。

其實，那些失敗只是過程，不是結論。但如果我們自己先關上了心裡的那道門，人生就真的被鎖死了。

心理學上稱這種現象為「習得性無助」，當一個人經歷太多無效努力後，就會自動放棄嘗試。明明外在的限制早已不復存在，他卻已經失去了邁出一步的勇氣。

現代社會太容易讓人迷失在比較、責備與挫折裡，我們很需要提醒自己：現在失敗，不代表永遠無望；現在受限，不代表未來無路。

如果你曾因為跌倒而害怕邁步，請記得：那雙曾經受傷的腳，還有走下去的可能；那對曾經停歇的翅膀，還有振翅高飛的潛力。你只需要，再給自己一次機會，再試一次。

別讓玻璃罩，罩住你本來可以到達的天空。你已經準備好了，只差一個起跳的決定。

忘了飛的滑翔傘教練

在某個鄉鎮，有位曾經拿下滑翔傘冠軍的青年，名叫子庭。年輕時，他站上高峰，背負風帆翱翔天際，是所有學弟妹們心中的天空之王。

但一次訓練意外讓他重重摔落，雖然性命無礙，卻從此對飛行產生陰影。他原本只想休養一陣子，卻不知不覺在後勤待了六年。他協助綁繩索、搬裝備、幫學員記錄飛行數據，日子過得平淡安穩。

他的教練好友多次勸他再試一次，他總是搖頭苦笑：「我年紀也不小了，現在新手都飛得比我厲害，何必再上去丟人現眼？」

教練沒說什麼，只是在某天清晨把他叫到一座懸崖前，幫他背好裝備，突然一把將他推了出去！

子庭措手不及地在空中翻轉、急墜，身體本能地拉繩、展翼，氣流迎面襲來，他的身體竟然穩住了。三秒後，他像從夢中驚醒，雙腳懸空，整個人飛了起來。

在空中盤旋的那一刻，他終於明白：自己從來沒有失去翅膀，只是忘了如何飛翔。

別在熟悉中放棄可能

我們身邊也不乏這樣的故事。有的人年輕時滿懷理想，卻因為找不到滿意的工作，先做了「暫時」的選擇，結果一晃十年，再也沒回到原本夢想的軌道。他們習慣了安穩的環境，忘記了自己曾經有夢、有野心、有翅膀。

不是這些人能力差，而是他們在過程中放棄了相信自己的理由，漸漸失去了嘗試的勇氣。

工作沒有貴賤，但若一份工作長期無法讓你施展所學、實現理想，那麼那份「穩定」，可能就是你內心飛翔意志的牢籠。

人生有時真的需要那麼一次推力。就像那位教練一樣，把我們推向原本害怕的懸崖，讓我們想起自己原來能飛，原來還能更好。

如果你也曾有過夢想，卻因現實妥協，請別忘了：你只是暫時棲息，不代表永遠不能飛翔。有朝一日，記得替自己裝上風帆，再次奔向高空。

你仍然是一隻鷹，永遠不該忘了怎麼飛。

霧中的燈塔聲

有一座年久失修的燈塔，曾經是漁民夜航時的重要指引，但因科技發展、雷達導航普及，燈塔的存在變得無足輕重，漸漸地被人遺忘。直到某天，一場突如其來的濃霧，讓一艘載著學生返鄉的渡輪失去方向。

島上的居民急得團團轉，找不到任何能夠定位渡輪的方法。海事電臺失靈，衛星訊號也被濃霧遮蔽。唯一可能的辦法，是啟動老舊的燈塔，讓那道光重新亮起，成為渡輪在迷霧中唯一的座標。

村長找來年輕人們要他們去修燈塔，但眾人試了又試，燈塔依然不見亮光。有人在塔下拔接電線，有人敲打電機，也有人大聲喊叫、想喚醒這座沉睡多年的高塔。整個島上的年輕人忙得焦頭爛額，但濃霧越來越濃，時間一分一秒過去，仍無人成功。

大家沮喪散去後，只有一位十四歲的女孩留了下來。她沒有跟著大夥吵鬧，也不急著動手，而是獨自靜靜地走進塔裡，坐在那早已布滿灰塵的樓梯上，閉上眼傾聽。

沒過多久，她聽到一陣極細微的「啵啵啵」聲，像是某個老舊齒輪仍在緩慢地運作。她順著聲音爬上最上層，在一塊生鏽的控制板後方發現一個鬆脫的開關。她轉緊它，按下啟動鍵，燈塔就在濃霧中發出了久違的光與聲音。

數十分鐘後，失去方向的渡輪靠著燈塔聲響與光線，平安靠岸，島上的居民無不動容。大家驚訝這女孩並非最懂技術的人，也沒有力氣去搬動機器，但她做到了。

靜下來，才看得見真正的方向

很多人在人生的關鍵時刻，就像那群年輕人一樣，以為只要快速行動、拚命奔跑，就能找到出路。但當外界紛擾、思緒混亂時，越是急躁，越容易錯過真正的解答。

就像女孩一樣，有時真正的答案，不在於多會操作，而是能否安靜下來，聽見內在最微小的聲音。那個聲音，正是你內心的「燈塔聲」。

別讓過多的喧囂淹沒你的直覺與判斷，也不要總想從外界尋找捷徑或命運指引。其實，你早就有那把能點亮光芒的鑰匙，只是一直沒有靜下來，好好傾聽。

當你願意放慢腳步，專注傾聽自己心底的聲音時，你就會發現：最清晰的方向，從來都在你自己心裡。

第三章

奮鬥的軌跡

奔跑的理由

在一場偏遠山區的中學越野比賽中，有個平時默默無聞的學生林澤，第一次參賽卻讓全場驚艷。他以壓倒性的速度奪下冠軍，甚至比教練團預估的時間快了整整兩分鐘。

賽後，大家紛紛圍住他，問他為什麼能跑得這麼快。林澤只是氣喘吁吁地笑說：「我只是比別人更需要贏而已。」

事後，教練分享了一段不為人知的過去。原來林澤的家境貧困，父母雙亡，他一心想靠體育成績考進體保班，免除學費。他常一大早就起來練跑，因為「如果這條路不通，我真的不知道我還能走哪裡。」

他的對手們奔跑，是為了比賽；而他奔跑，是為了翻轉人生。

當你知道「為什麼」，你就能撐下來

有趣的是，這場比賽的第二名是個體能條件更優異的選手，但在最後一公里明顯力竭，慢下來時還說了一句：「我已經盡力了，沒差，反正也只是場比賽。」

這話恰好反映出關鍵差異。

林澤不是「盡力」，他是「必須贏」，因為背後沒有退路，只有前進。他的「壓力」不是來自對手，而是來自命運的重量。

正如一位登山嚮導曾說過：「當你背後是懸崖時，你會發現自己能爬得比任何時候都快。」

不只是跑，是真正在奔命

現實生活裡，許多人都用盡全力，但總覺得差了一點。不是因為不夠努力，而是因為目的不同。

當一個人只是為了完成目標而前進，和一個人是為了不被命運吞噬而前進，那種「必須」的動力，絕非相同。

羚羊不是因為跑得快才活命，而是因為牠知道「不跑就沒命」才激發出潛能。人也一樣，若能找到那隻追在你背後的「狼」，你會發現自己其實比想像中更堅強、更能撐下去。

所以，問問自己，你現在為了什麼而奔跑？如果你只是在跑，卻沒弄清楚為什麼，那麼永遠都追不上真正的終點。找到你心裡那頭狼，你的腳步，才會有方向，也才會有力量。

知識投資，值不值得？

一位單親爸爸帶著高三的兒子走進補習班詢問升學課程。「課程半年四萬五。」櫃檯老師說明後，爸爸皺起了眉頭：「這麼貴？四萬多我都可以買支最新的 iPhone 了，幹嘛拿來補習？」

說完，他語氣中帶著一點不屑地看了兒子一眼：「反正你平常成績也普普通通。」

櫃檯老師靜靜地看著他，語氣平和卻直接：「如果你現在選擇買手機，不投資他的未來，那將來你們家會多一支手機，但少了一個翻轉人生的機會。」

那一刻，氣氛沉默了幾秒。爸爸眼神閃爍，兒子低著頭咬著牙，終究還是簽下了報名表。

教育不是消費，是翻身的可能

半年後，兒子考上了國立大學。雖然他仍穿著兩年前的球鞋，用著舊手機，但他臉上多了一種過去沒有的自信。

回顧當初那四萬五的抉擇，爸爸在家族聚餐中笑著說：「當時差點真的去買手機，還好有個補習班老師提醒我：『手機會退流行，但孩子的未來不能等。』」

從那之後，他開始鼓勵鄰居們省下「看起來划算」的消費，優先投資在孩子的學習和成長上。他說：「我們家雖然不富裕，但我們願意把錢花在讓未來更寬的地方。」

書本與學習，決定你能走多遠

在這個資訊爆炸的時代，太多人寧可花幾萬塊買名牌球鞋、買潮牌包包，卻不願意投資自己或孩子的學習。學習不只是成績的表現，而是讓人更懂世界、看得更遠的工具。

知識會過時，科技會更新，但學習能力不會。當你擁有自我學習的動力和能力，就不會被時代淘汰。願意讀書、願意學習的人，才是真正能跳出平凡生活的人。

與其問：「補習、進修、上課值不值得？」不如反問自己：「我願不願意為更好的自己，付出一點成本？」因為手機再好也會壞，但一個人擁有的腦袋，能陪你走一輩子。

「我都可以」，其實是哪都不行

莉亞從大學畢業後，一直在尋找人生的起點。她對許多行業感到興趣，卻又說不上哪一項是真正熱愛的。她的父親在科技產業工作多年，便安排她去見一位朋友，是知名網路公司的創辦人兼執行長林先生。

林先生熱情地接待了莉亞，寒暄幾句後便問：「你對我們公司哪方面的工作最有興趣呢？」

莉亞一時語塞，笑著說：「其實我沒有特別想法，看公司哪裡需要人，我都可以。」

林先生收起笑容，語氣平靜卻不容忽視：「我們公司沒有叫『都可以』的職缺。」

莉亞臉頓時紅了。那一刻她明白了，自己並不是沒有能力，而是太過模糊，讓人無從協助。

林先生接著說：「如果你自己都不清楚要去哪裡，那我再怎麼開路，也只是白費工夫。」

這段談話讓莉亞開始重新審視自己，幾個月後，她選擇回到校園進修行銷設計，並且開始主動接案累積作品。她找到方向，也找到了力量。

清楚目的地，路才會愈走愈穩

許多人在人生十字路口彷徨不前，並不是因為沒有選擇，而是因為從沒仔細想過自己要去哪裡。就像開車時如果沒有設定導航，光靠感覺開，只會在城市裡兜圈子。

設定目標並不是要求你一開始就能做出完美規劃，而是要你誠實問自己：「我真正想成為什麼樣的人？」當這個問題有了答案，前進的步伐就會變得明確，動力也會自然而然地湧現。

方向清楚後，遇到再多挫折，也不會輕易動搖，因為你知道你在走的這條路，是為了自己的未來，而不是別人安排的理所當然。

目標，是成功唯一值得信賴的地圖

我們常說「努力就會成功」，但真正讓人走到終點的，並不是盲目的努力，而是有方向、有目標的堅持。沒有目標的努力，不過是辛苦的原地打轉。

人生不怕選錯，怕的是永遠不選。每一次選擇都是一次航向未來的決定，唯有選定方向，才能在風浪來襲時不迷失。

別把「都可以」當作一種謙虛，它只是懶得思考的另一種說法。真正成熟的人，會用心說出：「我想去那裡」，然後一步步踏實地走過去。

選擇多，不等於會成功

在某間新創公司內，阿傑正坐在筆電前面發呆。幾個月前，他剛募到人生第一筆投資，熱血沸騰地準備大幹一場，立志打造最聰明的生活應用平臺。可是現在，他卻卡在第一個重大決策上。

他原本想開發一款幫助上班族安排生活的小幫手，但同時團隊中也有人提出做預約美容的 APP、餐廳排隊系統、還有結合 AI 的室內設計工具。每一個點子聽起來都不錯，市場也都有機會。

但就是因為點子太多，阿傑開始猶豫不決：如果只做其中一個，會不會錯過更大的市場？如果什麼都做一點，會不會哪裡都做不好？

這天，加速器安排了一位資深創投顧問阿仁來訪問每個團隊，當阿仁問阿傑：「你現在最想解決的問題是什麼？」阿傑支支吾吾地說：「我其實什麼都想做，但就是不知道該從哪個開始。」

阿仁看了他一眼，笑著說：「你就像手裡握著一把箭，前面有五個靶，但你卻一直猶豫射哪一個，結果就一直站在原地不動。創業跟射箭一樣，沒有方向，再多箭也都是浪費。」

專注，是跨出成功的第一步

聽完這句話，阿傑的眼神一亮。他回到辦公桌，刪除簡報裡那三個次要的功能點，留下最初那個「生活助理 APP」的核心想法。接下來的幾週，他帶領團隊專注打磨這個主軸，不再左顧右盼。結果，他們用兩個月完成，上架第一週就有破萬下載。

創業路上有多少人，不是敗給資源不足，而是敗給了方向模糊。他們不是沒有點子，而是太多點子，最後一個都沒能落實。

專注一事，才有突破的可能

在現代社會中，誘惑無所不在，特別是對年輕創業者與職涯起步者而言，更容易因為機會多、資訊多而陷入選擇困難。太多目標，反而會拖住腳步；太貪心，只會讓時間與精力被分散殆盡。

真正厲害的人不是什麼都想抓，而是敢於篩選、敢於放棄，最終用力一擊。正如射箭者應對準一個靶心，創業者、工作者也必須有清楚的定位與目標，才能精準出擊。

不要怕捨棄機會，怕的應該是什麼都想要，卻永遠無法跨出那關鍵的第一步。選定一個方向，堅持下去，你會發現命中的，不只是當初的目標，還有人生的成就感與意義。

就職博覽會的抉擇

一場大型的就職博覽會盛大展開，來自各大產業的知名企業設攤招募新血。即將畢業的大學生小辰也在其中，手握一疊履歷，充滿希望地進場。他定了一個原則：「今天只投一家公司，而且要是我最心儀的那一間。」

小辰從入口開始一攤一攤看，有一間外商待遇優渥，但他想：「還有更有發展性的產業吧？」他往前走，又遇到一家新創科技公司，氣氛自由、創意十足，可他猶豫道：「也許還有規模更大的更適合我。」他不停地往前走，眼見著自己最初喜歡的幾家公司都一一錯過。

等他走到展區尾端時，竟然發現剩下的公司幾乎都不是他感興趣的產業。他才意識到，真正吸引自己的那些機會，早在他一再猶豫中消失了。旁邊一位學長拍拍他的肩說：「這場博覽會跟人生一樣，不可能讓你回頭重來，很多選擇只能做一次。」

抓住當下，不要等待完美

人生並不總能給我們「再試一次」的機會。愛情也是這樣，很多人因為遲疑錯過了一個懂自己的人；事業也是這樣，等待所謂「更好的選擇」，結果空等多年仍未出發。真正的問題不在於機會不夠，而是在機會來的時候，我們沒有勇氣出手。

在資訊爆炸的年代，我們總以為選項很多，所以更容易選擇困難。結果每一個都不敢放手去選，每一個也都無法真正抓住。期待所謂最好的，其實就是對當下的不肯承擔。

錯過不等於有下一次

當你看到一個讓你心動的可能，別只是觀望、猶豫、等待。勇敢選擇，就是人生真正的開始。

與其懊悔沒選回當初的那枚果子，不如學會當機立斷地摘下它。錯過了，不一定有下一次；但當下若把握住，就有機會開出結果。走在人生的果林中，最怕的不是沒有果子，而是總等那不確定的「更好」，結果什麼也沒留下。

如果此刻你心中已經有一個答案，就別再等待第二次機會。因為你要的，可能就在眼前。

你站在門外太久了

有一家新創公司長年以來被傳得神乎其技。據說，他們研發的 AI 產品即將顛覆全球市場，每年都有無數優秀的年輕人想擠進去，但那裡的面試關卡極為嚴格，錄取率低得驚人。

26 歲的沛哲畢業於電機碩士，學歷亮眼，實力也不差，卻一直不敢投遞履歷。他總覺得自己還不夠完美：「等我把作品集再打磨一下」、「等我拿到下個證照」、「等我參加完這次競賽」，他一等就是兩年。

這段期間，他不時路過那間公司所在的大樓，心裡總在想：「也許有一天我會進去。」但每當他鼓起勇氣點開應徵頁面，看到那些高標準的條件，又默默關上網頁，退縮回原地。

某天，他在咖啡廳碰到同屆的學弟阿瑜，才得知阿瑜已經在那間公司工作一年了。「真的假的？你怎麼辦到的？」沛哲震驚地問。阿瑜笑說：「就投了履歷啊，試試看。那時我也覺得自己不夠格，結果他們說我有潛力，願意培養我。」

沛哲一時語塞，只聽阿瑜說：「你站在門外太久了，怎麼從來沒試著敲門？」

試一次，可能做得到

害怕失敗，是很多人遲遲不行動的理由。但失敗不是失去，而是給你一個開始學習的機會。真正的遺憾，不是跌倒，而是從來沒往前走過。

當設計師婉玲決定辭去穩定的廣告公司職位、創立自己的品牌時，幾乎所有人都勸她：「現在景氣不好欸，妳再撐一兩年再說吧。」她問自己：「最壞的情況是什麼？」答案是創業失敗、回去上班。想到這裡，她反而鬆了一口氣。結果兩年後，她的插畫產品爆紅，登上國際設計網站，她的人生也展開全新的一頁。

成功的人不一定比較幸運，他們只是比較早開始嘗試。有人一次成功，有人失敗五次才爬起來；但不試，就永遠沒有結果。你總不能一邊羨慕別人的精彩，一邊用「我還沒準備好」把自己鎖在平凡裡。

沒有開始，怎麼會有奇蹟？

你知道嗎？沒人真的準備好了才開始。那些你以為早就準備妥當的人，其實也是在邊做邊學、邊走邊修。

你可以練習勇敢，不用一開始就完美。先投出履歷、先報名比賽、先開口表達，或先踏出一小步，就足以改變未來的路線。每一件值得去做的事，開始時都會有點怕、有點亂、有點不確定。

但你得問問自己：「我真的甘願一輩子站在門外嗎？」答案如果是否定的，就別再等下一次的完美機會了。

你還年輕，你還有力氣，你有權選擇活得更精彩。所以，為什麼不試試看？

就是今天，何必等到明天

一位中年男子被科技公司任命為新總經理，接手的是一座位於山區、平時幾乎沒人造訪的實驗中心。他乘車翻過山路，抵達時已近傍晚。接待他的是一位頭髮花白的資深管理員。

這位管理員帶著他走進辦公樓、倉庫和溫控倉儲區，沿途介紹著各種設施的運作方式。中年男子驚訝地發現，雖然這裡幾乎與外界隔絕，但每一個空間都打理得井井有條，就連警報系統都保持最新版本，顯然維護得極好。

他問道：「你在這裡工作多久了？」

「二十五年，先生。」

「哇，那公司的人常來看你嗎？」

「實際上，最近一次是十年前。」

「那麼總部有聯絡你嗎？寄信或開會？」

「沒有，公司只是定期匯薪水給我，從來沒人親自來過。」

「那……你一個人在這裡，從不偷懶嗎？」

老人笑了笑，眼神堅定地說：「每天早上，我都覺得今天會有人來。」

那位中年男子沉默了幾秒，從公事包中拿出一份公司文件：「先生，我就是你今天等的人。我受董事會指派，接手這座中心。你多年如一日的敬業與堅持，董事會決定將這裡升格為實驗總部，同時，也將你列為終身榮譽顧問。」

老人微笑點頭，臉上沒有絲毫激動，卻有種深藏的滿足與安然。

不做等候者，要做準備好的人

很多人總說：「等我準備好了就去做。」、「等機會來了我再行動。」但事實是，機會從來不會通知你它什麼時候到。它常常在你沒有預期的某個清晨出現，而是否接得住，全看你是否一直在準備。

有些人因為沒有人督促就開始懈怠，有些人則即使無人注視，也願意把每件小事做到最好。成功不在於有多少人看見你在努力，而在於你是否對得起自己的信念。

那位老員工不因沒人看見就敷衍了事，也不因環境孤獨就鬆懈。他每天都相信：「今天，有可能會有人來。」這種活在當下、做好準備的心態，正是讓他迎來機會的原因。

成就從不是等來的，是每一天的堅持

我們總把希望寄託在「以後」、「有一天」、「明年」，但真正值得敬佩的是那些把「今天」當作唯一機會來對待的人。因為今天是唯一能行動的時間點，明天還沒來，昨天已過去，能創造結果的，只有現在。

所以別再問：「什麼時候該出發？」答案永遠是：就是今天。

自然生長的生命力

一位植物學家帶著學生們參觀校園裡的實驗農場，一旁的遊客忽然好奇地問道：「你們看，那些沒人照顧的野草野樹都長得那麼旺盛，反而你們花大錢設施照料的有機蔬菜，卻常常被病蟲咬得坑坑疤疤，為什麼呢？」

植物學家笑著回答：「因為野草在自然中求生存，抗壓力強，不怕風雨日曬；而溫室蔬菜靠人照顧，一遇上氣候變化或蟲害，就撐不住了。」

這位學者說得簡單，但背後卻藏著深刻的道理：真正有韌

性的生命，都是在逆境中長大的。

人也一樣。你若總是生活在被保護的圈子裡，碰到一點壓力就會慌了手腳；但如果你是在風雨中走過來的，反而越挫越勇。

苦難，是人生最好的教練

在大學新生訓練營裡，有位來自偏鄉的女孩說起她求學的歷程：家裡經濟拮据，白天上課晚上打工，每天搭車來回三個小時，還得照顧年幼的弟妹。她說自己很辛苦，但也很感謝這些經歷，讓她練就了不怕累、不怕難的性格。

另一邊，一位習慣富裕生活的大學生，進入職場實習兩週後就喊吃不消，最後選擇退出。面對壓力，他說：「不是我不努力，而是這世界太現實了。」但事實是，他還沒真正吃過苦，便被現實打倒了。

人生的真相是，安逸環境不會造就強者。只有那些在雜草叢生的田地中掙扎成長的人，才真正懂得生存與堅持。

孟子說過：「天將降大任於斯人也，必先苦其心志，勞其筋骨。」這句話並不是古人才有的經驗，而是每個時代都一樣的真理。當一個人被壓到極限時，他的堅持、他的應變能力、他的智慧也才會真正被激發出來。

你是否注意過，很多成功人士的背景都不光鮮亮麗？那些能扛起責任、獨當一面的人，往往都吃過苦、走過彎路、扛過風雨。而那些習慣依賴、缺乏自立能力的人，就算一時順遂，也很難長久支撐未來的變化。

強者，不是溫室裡的花

不管你現在是學生、上班族還是創業者，這個世界每天都在變化，唯有能撐過挫折、不被輕易擊倒的人，才走得遠。那些靠別人呵護、處處依賴環境的人，終將經不起社會的風吹雨打。

真正的強者，不是沒受過傷，而是傷了還能站起來；不是沒哭過，而是邊擦淚邊前進。

與其抱怨環境不夠好，不如學會像野草一樣，無論風吹雨打，都能長得自由又堅強。因為人生從來不是為了舒適，而是為了成長。要記住，在「野地長大」的孩子，才真正有能力去迎接世界的挑戰。

別只站在自己的位置說話

一間知名設計公司的總監，正在為團隊尋找一位專案經理，兩位應徵者進入最後面試階段，一位是行銷背景的柯宇，一位是設計出身的李雅涵。

面試當天，柯宇穿著俐落，神情自信，他一坐下就滔滔不絕地說：「我在前公司帶過多個團隊，成績都很好。這個職位很適合我，我懂流程、能控時程，也能解決人事糾紛。」他還補充：「我聽說另一位是設計出身的，設計師通常邏輯性不強，可能不太適合做專案管理。」

總監聽了，微微一笑，並沒有回應什麼。接著換李雅涵面試，她簡單介紹自己的設計背景，然後說：「我知道這個職位不只是需要懂專案排程，更重要的是能理解創意團隊的節奏與脈絡。我在設計師和業主之間做了三年的溝通橋梁，知道怎麼平衡進度與創意，也願意學習更多管理技巧，來彌補我過去非管理學科出身的部分。」

當天傍晚，錄取通知寄出，李雅涵順利獲得了這份工作。後來在團隊聚餐時，有人問總監為何最後選她，總監淡淡回答：「她沒有來教我怎麼選人，而是讓我看到她懂我想找什麼樣的人。」

成功，來自站對位置

我們在職場、人際乃至日常生活中，常常會自信滿滿地以為自己掌握了某些優勢，卻忽略了最根本的一點——對方真正想要的是什麼。

柯宇很優秀，但他說的話從頭到尾都從自己的角度出發。他強調自己過去的成績、能力，甚至貶低競爭者，只是為了證明自己「比較好」。但總監不需要一個光說自己強的人，而是需要一個能「理解他人需求」並能「融入團隊」的人。

設身處地去思考，才是有效溝通的第一步。不是所有人都在等你展現自己有多厲害，有時候，他們只是希望你能說出：「我知道你在找什麼，我願意做那樣的人。」

理解對方的「位置感」

許多關係之所以無法前進，正是因為我們不斷在自己的框架裡打轉，卻從沒想過換一個角度看看。自薦不等於自誇，表達不該只是自說自話，而應是展現理解與回應的能力。

溝通的本質是雙向的，是把自己的價值轉化為對方「需要」的樣子。唯有真正換位思考，才能走進別人的心，也才能真正達成目的。站在自己的位置說話容易，但站在對方的立場上表達，才是一種智慧。

只要一招，也能致勝

嘉芸是一位高三女生，右手天生僅有三根手指，這讓她從小做任何事都比別人吃力。國小的時候，老師叫她別勉強參加鋼琴比賽，她卻偏要學。國中時她說想參加籃球隊，教練本來也勸她三思，但她只是淡淡說：「你們看著就好。」

她的運球不夠快、傳球沒角度，可她每天早到一小時、練球到天黑才回家。別人雙手投球，她練單手。終於在國三時，她成為學校女籃主將，甚至帶隊拿下全縣冠軍。

升上高中後，嘉芸轉戰街舞社。老師問：「妳確定嗎？這需要極強的平衡感和肢體控制耶！」她一笑：「我已經習慣不平衡了。」她以驚人的節奏感和爆發力站上決賽舞臺，觀眾看不出她的手有什麼不同，只看到她在舞臺上閃閃發亮。

劣勢未必是包袱，可能是你的通關密碼

有人問她：「為什麼總挑最難的事做？」嘉芸聳肩說：「因為大家都覺得我不行，那我偏要試試看。不為別人，只為自己。」她從不抱怨身體的限制，也從不要求特權。她說，她唯一會做的，就是盡全力，把別人眼中的缺點練成自己的強項。

每一場比賽、每一次挑戰，她都靠一招：「堅持」。不是技巧最華麗，也不是條件最好，但她從不退出，不放棄。她早就明白，真正的勝利，不是贏過別人，而是戰勝自己的懷疑與恐懼。

沒有標準起跑線，也能衝線奪冠

不是每個人都在起跑線上，有些人甚至一開始就落後。但你可以選擇怎麼跑，甚至跑出屬於自己的路。就像嘉芸，她沒有完整的雙手，卻有完整的自信與決心。劣勢若被磨練得當，

就能轉為優勢；最終贏得掌聲的，永遠不是看起來最強的，而是那個從不退縮、永不言敗的人。

最後一個企劃案

資深設計師阿民在一家創意公司任職二十多年，作品無數，深受同事敬重。年過五十的他，決定退休陪伴年邁雙親與孫兒，他將這想法告訴主管時，公司極力挽留，最終主管提出請他再留下來完成公司一個大型案子再離職。

阿民猶豫片刻後答應了，但他的心思早已飄回了南部老家。於是他敷衍地帶領團隊，只求趕進度，沒有往日的細膩與創意。他選了最便宜的製作方式，也未與客戶深談需求，只想盡快交差了事。

三個月後，案子完工，公司在總部辦了一場感謝會，主管站上臺，當著眾人的面說：「阿民，這個案子，是我們準備送給你的退休禮物。你的名字將永久與這座建築一同留下，我們想把你最後的創意變成公司紀念地標。」

阿民當場愣住，滿臉尷尬。他看著投影上的成品簡報，那正是他倉促設計、未曾細想的草圖。他感到前所未有的羞愧，從未想過，原來他最後一次的馬虎，竟會成為自己一生職涯的象徵。

敬業，其實是在對自己負責

許多年輕人初入職場時，把工作當成應付的責任，認為自己是為老闆賣命，付出再多也只是替別人賺錢。但他們往往忽略了一點，工作中的態度與成果，其實最終都是寫在自己身上的履歷。

就像阿民一樣，他一生認真打拚，卻在最後一次任務中，留下了讓自己後悔的結局。敬業，不只是對他人負責，更是對自己名聲、能力與尊嚴的守護。

真正懂得敬業的人，即使只是小事，也會投入心力，即使只是過渡期，也會當成正職做。因為他們明白，無論事情大小，每一次努力都是為了自己累積更高的起點，都是在替未來的自己鋪路。

不為眼前交差，只為成全未來

別以為現在的工作只是過客，每一次選擇敷衍，其實都是在拆掉通往夢想的橋梁。敬業不等於苦幹，而是願意在當下，認真做事、不負所託。最終你會發現，你所完成的，不只是任務，而是自己人生的一部分。與其留下遺憾，不如每一次都拿出全力以赴的勇氣，因為你永遠不知道，哪一次就是為自己築起的那座房子。

天賦不會決定命運，勤奮才是能掌握的武器

大學圖書館裡，每到深夜都還會看到一個身影，趴在角落的桌子上，一邊讀著經濟學、一邊抄筆記，讀得慢、寫得慢，有時同一頁反覆看上十幾遍，才略懂意思。

這是阿哲，大一成績吊車尾，考試時連題目都看不太懂。系上有些同學早就報名了各種競賽或實習，還笑他：「你這種程度要怎麼辦？」

某天深夜，一位掃地的大哥經過他身邊，忽然問：「你是不是常常在這裡讀書？」阿哲點點頭。大哥說：「我每天打掃都看到你在這一排努力。」阿哲有點不好意思地笑了笑。大哥接著說：「你知道嗎？我以前讀書也很慢，很多聰明人不會浪費時間讀這麼久，但我告訴你，慢沒關係，只要你不放棄，終究會追上去。」

阿哲那天沒多說什麼，但心裡像被什麼敲醒一樣，從那天起他再也沒懷疑過自己。

勤能補拙，是最真實的奇蹟

大四那年，阿哲不是班上最亮眼的學生，但他申請上了一間研究所。

曾經笑他的那些「天才」，有的早早轉系、有的畢業就放棄

原本的目標，而阿哲，靠著累積的知識，一步步地站穩腳跟，最後甚至在金融業找到自己的一席之地。

笨鳥也能飛過山巔

聰明也許能讓人起跑快一點，但跑得遠的是那些一步步踏實走路的人。人生路上不缺天才，缺的是不被時間擊倒的「笨鳥」。那些你花在圖書館、書桌前、或夜深人靜時流的汗水，終將在某個日子裡，悄悄為你開出一條屬於自己的光亮之路。真正的勝利者，不是從不跌倒的人，而是不管跌倒幾次都肯再站起來的人。

錯習慣釀成大禍

在一間大型機房內，有位資深夜班工程師阿宏，總是給人親切隨和的印象。他不疾不徐，講話溫和得像風一樣輕，遇事也總是笑笑地說：「沒事啦，交給我，放心。」

他是那種大家都喜歡的同事，逢年過節還會請大家喝手沖咖啡，甚至曾被票選為部門「最友善工程師」。但只有少數人知道，他總喜歡邊上班邊偷偷喝點威士忌提神，理由是「這樣反而更穩定」。

某個深夜，機房溫控系統傳來了異常警報。根據 SOP，必須在三分鐘內手動切換備援機制，否則主機板過熱恐怕導致資料毀損。阿宏看了訊號，皺了皺眉，自言自語說：「又來⋯⋯應該是假警報吧，我先去沖個熱咖啡壓壓驚。」

他喝了一口藏在保溫瓶裡的酒，再不緊不慢地走向溫控面板。等他開始操作時，時間已過了五分鐘。

資料庫溫度飆升，接著就是系統當機，整間公司的伺服器斷線長達七小時，金融資料全數損毀，損失金額難以估計。

那天早上，主管趕到機房時，阿哲還在說著：「我本來要處理的⋯⋯只是剛好喝口水⋯⋯真的只是晚了一下下而已。」

這一下下，卻讓他丟了工作，也讓整個團隊背負了沉重代價。

成功與失敗，往往藏在日常習慣中

事後公司進行調查，發現過去半年，阿哲就屢次在例行巡檢中延誤回報時間，每次雖無大礙，但屢勸不改。他總是笑著說：「真的不會怎樣啦，下次我會注意。」這種看似溫和、實則拖延的態度，讓大家誤以為他總能妥善應對，但真相卻在關鍵時刻攤開來。

而同部門中一位新進工程師小容，雖話少又木訥，卻總是提前完成交辦任務、備份不曾延誤。後來她成為主管欽點的接班人，就是因為那份讓人安心的「小事從不馬虎」。

現在的習慣，正塑造未來

壞習慣不會馬上帶來風暴，它只會悄悄埋下錯誤的伏筆，等到最關鍵的那一秒突然爆發。拖延不是小事，馬虎不是隨性，它們都有可能在你意想不到的時候，把整個人生的努力毀於一旦。真正穩定的人生，是在一次次不起眼的選擇裡練出來的。從今天起，改掉那些「反正沒差」的小毛病，你會發現，命運其實是被你的習慣一點一滴寫出來的。

選擇出力，還是選擇生鏽

在一間汽車維修廠裡，有兩把來自同一批次的新型電動扳手，它們型號一樣、性能一致，甚至出廠時還同在一個包裝箱中。剛到達維修廠時，技師阿俊拿走其中一把，馬上投入日常修車作業。這把扳手每天都在車底穿梭，不是拆引擎、就是鎖輪胎，不到一個月就已經沾滿機油、處處布滿刮痕。

而另一把扳手，則被另一位技師小峰視為「備用工具」，被小心翼翼地收在工具櫃的最底層。每次排班時，他總是說：「先讓阿俊那把先用，我這把新的先保留，等有大工程再派上用場。」

幾個月過去，小峰那把扳手始終沒派上用場。某天維修廠改組，倉庫清點工具時，這兩把扳手再次被放在一起。讓人驚訝的是，那把天天出力的舊扳手雖然有磨損，卻仍然轉速靈敏、運作順暢；反倒是那把「全新如初」的備用扳手，早已因長時間未使用導致電池老化、內部鏽蝕，按鍵失靈，根本無法啟動。

維修廠主管無奈地說：「這就是工具該有的命運吧，工作才是它的保養。」

最後，舊扳手被送進技師升級專用工具架，繼續它的工作；而那把未曾出力的備用扳手，則被當作報廢零件處理，永遠退出了修車行列。

保留實力，只會讓你失去機會

我們常以為「保留實力」是一種聰明，認為暫時的閒置可以為未來儲備能量，卻忘了時間本身就是一種消耗。你不動用它，它也會自己耗損。身體是越動越強，頭腦是越用越靈，人生的價值也只有在「實踐」中才能被打磨出光。

很多人把自己當成那把被珍藏的工具，總對自己說：「等機會來了，我一定全力以赴！」但現實卻是：你等得越久，動力就越弱，技巧也越生疏，等機會真的來臨時，你可能早已啟動不了自己。

我們身邊有多少人，懷抱理想卻始終不上場？他們看似準備得完美，卻始終不敢出手。其實，真正讓人失敗的不是外在的難題，而是內心那種「怕出力、怕吃苦」的惰性。

不怕被用壞，就怕被閒壞

沒有人天生就是成功者，也沒有人因為等待而變得更強大。真正的實力來自不斷的磨練與投入，即便有傷痕、有刮痕、有疲倦，只要還在運轉，就代表你有價值、有能力。人生像一把工具，不被使用，終將生鏽報廢；不出力，就會逐漸失去「出力的資格」。

與其守著自己那點尚未證明的「潛力」，不如在當下的崗位中全力以赴，把汗水磨成光芒，把經驗變成實力。記住，那些看似普通的每一次出力，其實都是你未來成就的基石。選擇出力，還是選擇生鏽？這不是運氣的問題，而是你生活態度的選擇。

時間，從不等不珍惜它的人

在一家獨立書店裡，一位年輕男子站在書架前猶豫了一個多小時，手裡拿著一本定價600元的限量書籍。他幾度走向櫃檯，又退了回去，終於還是開口問店員：「可以算便宜一點嗎？」店員客氣地笑了笑：「這是作者簽名本，價格是固定的喔。」

男子皺了眉，低聲嘀咕：「只是一本書嘛，何必這麼堅持……我可以跟老闆談談嗎？」

店員為難地說：「老闆剛好在後面處理書單，我可以幫您轉達。」

沒過多久，書店主人走出來，是一位四十多歲的女店主，臉上帶著溫和的表情。男子再度提出：「我真的很喜歡這本書，但你們的定價有點高了，少個 50 元可以嗎？」

女店主微笑著說：「原本 600 元，但既然你拖了我十幾分鐘的工作進度，現在是 650 元。」

男子驚訝不已：「妳怎麼還加價？！」

店主語氣不急不徐：「因為時間對我來說就是生產力，我在這段時間裡原本可以完成三筆網路訂單和處理供應商對帳。對我來說，這些被打斷的時間比你省的 50 元更寶貴。」

男子沉默了，最後還是掏出 650 元結帳。他拿著書離開時，臉上帶著若有所思的表情。

收集時間的「碎金」，才是成功者的習慣

你也許不知道，一杯咖啡沖泡的時間足夠完成一封簡訊回覆；下班後等公車的那幾分鐘，剛好可以讀完一篇短文；而你無意間滑手機的半小時，其實可以用來學習一項新技能。

真正會管理時間的人，從不等「大塊空檔」才開始努力，而

是將日常生活裡的每個「零碎時段」視為珍貴資源。他們不抱怨時間不夠，反而比別人擁有更多可支配的時間，就是因為懂得收集這些「時間的碎金」，一點一滴累積成不可小覷的成果。

時間的價格，由你自己決定它的價值

書會漲價，不是因為印刷成本變貴，而是你對時間的態度影響了你付出的代價。成功者之所以總是快人一步，不只是因為他們做得多，而是因為他們對每一分鐘都認真以待。他們不把「等一下再做」當口頭禪，而是把「現在就開始」視為唯一選項。

如果你總是認為晚一點也沒關係，那麼你的人生就會不斷錯過本來可以提早擁有的精彩。而當你學會像那位書店老闆一樣，對時間保持清楚的認知，你就會發現：原來真正的「時間管理」，不是寫滿待辦清單，而是知道什麼值得你立刻去做，什麼根本不該拖延。

從不害怕被看見

陳昱婷是一位剛從設計系畢業的女孩，畢業後她很快進入一家小型廣告公司工作，每天埋頭製作客戶的簡報、設計素材，雖然起薪不高，但她樂在其中，總希望有朝一日能讓自己的創意被看見。

然而，一年過去了，她依然只是個無名的助理設計師，公司大部分客戶仍指名與資深設計合作。她曾想：「如果我的作品可以上版面，也許就會被看見了。」但現實卻讓她總被安排處理細碎事務。

有天，她靈機一動，把自己設計的海報作品整理成一套虛擬廣告提案，印製成精美手冊，寄給公司幾位高階主管，甚至主動邀約一位行銷經理喝咖啡，分享自己的創作理念。她說：「我不是來邀功的，只是想讓您知道我能做什麼，若未來有適合的案子，我願意嘗試。」

沒想到，這個小小舉動竟成了她職涯的轉捩點。一個月後，當公司接下一個大型活動的企劃案時，主管第一個想到的人就是她。從那時起，她開始參與核心專案，逐漸被看見，也在短短兩年內升任創意副主任。

曝光自己，是讓人知道你的價值

在資訊爆炸、人才競爭激烈的今天，若你只是靜靜等待伯樂來發現，可能等到退休都不會有人看見你。成功者與默默無名者最大的差異，往往不是能力，而是勇於主動說出：「我準備好了。」

不少人被從小灌輸的「謙虛」綁住了手腳，總認為推銷自己太做作、太功利，但其實，在現代社會裡，懂得表達、展現自己的能力與態度，早已是專業的一部分。不管是面試、職場報告、甚至是日常互動，都潛藏著曝光自己的機會。

如果你期待主管看穿你低調的實力，那你太高估別人的觀察力。你不說，別人真的不會知道你有多好；你不說，誰會主動翻開你的人生簡介？那些願意主動爭取表現機會、敢於提問、積極交流的人，往往才是升遷跑道上的先行者。

別等世界來了解你，請先介紹你自己

把自己當成一件「待上架的商品」，你就會知道，光靠品質是不夠的，還需要包裝、展示、行銷與故事。別害怕被認為愛表現，那是每個職場競技者的基本能力。

有些人怕被說太積極，有些人怕失敗，有些人怕尷尬。但更多時候，你真正該怕的，是一直被誤會為「可有可無」的那個人。職場不是賽道上的沉默角落，而是一場人際交鋒的舞臺。你不出聲，就沒有位子。

從今天開始，學會為自己發聲，為自己的努力找到聽眾。當你敢舉手、敢推銷、敢表達，你才真的開始走在成功的路上。記得，別人不會主動來記住你，所以你要讓自己值得被記住。

拿出行動，難題才會鬆動

一家新創科技公司正面臨一個棘手問題：他們研發出一款創新語音輔助軟體，能大幅改善老年人使用手機的便利性。然而，產品開發完成後，卻遲遲無法打入通路，連拜訪多家連鎖門市也都碰了壁。會議上，行銷主管提出：「我們需要讓大公司了解我們的產品，只要有一家大型通路願意合作，其他就會跟進。」

產品經理隨即建議：「那就從最大的一家開始。」所有人一聽，先是一陣沉默，然後輪番搖頭：「太難了，他們只合作大廠牌，我們根本沒人脈⋯⋯」、「他們不會理我們這種剛起步的品牌吧？」意見紛紛，氣氛陷入僵局。

這時，一位剛加入團隊的年輕員工站起來說：「與其討論為什麼不行，不如想辦法讓他們注意到我們。要不要我們自己想辦法製造話題？」大家愣了一下，然後興致勃勃地集思廣益。有人提議拍一支感人短片，讓退休長者用這套系統與家人視訊對話；有人主張請網紅試用並分享心得；最後，團隊決定發起一項「讓阿公阿嬤說話更簡單」的公益挑戰活動。

影片發布後不到三天，竟引起媒體報導，一家門市的負責人看到後主動聯絡公司，表達試賣意願，幾週後其他門市也陸續跟進。這支原本「沒有門路」的產品，最終透過一場反向操作打開市場，成為公司第一個站穩通路的成功案例。

願意行動，比等待奇蹟更實際

多數人在面對困難時，第一反應總是懷疑可行性，試圖證明「這辦不到」，卻很少有人反過來問：「那要怎麼樣才辦得到？」那群年輕的創業者並沒有更強大的資源或背景，他們的轉捩點只是來自一個提問的轉念：別再說不可能，動手想辦法吧！

用「怎麼做」取代「做不到」

與其陷在問題中原地踏步，不如跳出來看解法。有創意沒行動，只是想像；而行動中的創意，才是真正的解方。所有偉大的突破，都不是從證明困難開始，而是從相信有路可走、勇敢去試那一步開始。

如果你總是告訴自己「辦不到」，那你就永遠無法啟動；但若你願意往前一試，可能就會發現，問題的正中心，藏著答案的起點。

不是謙讓，而是懂得表達價值

畢業三年的子謙，在一家設計公司工作，從基層設計助理做起，不管加班或臨時支援，他總是默默扛下。無論誰出狀況，他都會第一時間遞補，文件、圖稿、簡報，樣樣不假手他人。公司上下對他評價都很好，說他「配合度高、脾氣好」，但奇怪的是，三年過去，他的職位、薪資、職務都沒什麼變動。

同屆進來的同事阿霓，半年後就主動進行提案，一年內晉升小組長，第二年跳槽去另一間大公司，薪資翻倍。一次同事聚餐時，子謙說：「我其實也想爭取更大的案子，只是怕被說愛出風頭，也不敢開口跟主管談調薪，總想再等等看。」

直到一次，公司內部有一個跨部門整合案，主管公開徵求志願者，子謙又想參加，卻習慣性地把機會讓給了其他主動報名的同事。等他鼓起勇氣私下跟主管提時，對方婉轉表示：「你是個穩定型人才，但目前需要主動性強一點的角色來主導整合案。」

子謙突然領悟，這三年他從不出錯，也總是等著別人來肯定他的表現，但他從沒站出來證明自己，爭取自己該有的位置。機會不是靠等來的，而是靠行動去爭取。

職場不是等分蛋糕，是學會分蛋糕

很多人在職場上的「沉默」與「謙讓」，其實來自一種過度禮讓的習慣。他們擔心主動爭取會破壞關係，或是顯得功利，於是總等著主管開口、公司主動、機會自來。但現實是，職場不會為沉默的人留位子，也不會因你安靜就自動升你一級。

真正聰明的人，懂得衡量自己的貢獻與價值，適時表達訴求，不是無理取鬧，而是有據有節地主動出擊。他們知道何時該低調配合，也知道什麼時候該挺身而出。

子謙後來改變策略，在下一次部門提案簡報時，主動在主管面前展現過往成績與創意想法，也開始參與部門經費規劃，從一個默默配合的設計助理，轉變成有意見、有方向、有行動力的核心成員。

會爭不是自私，而是負責任

在職場上，爭取本該屬於自己的東西，不是貪婪，而是對自己負責。與其默默排隊、無聲等待，不如學習適時表達與爭取。太多時候，我們不是輸在能力，而是輸在沉默。

有價值，就該被看見；有貢獻，就應該主張。不是等別人賞識，而是讓別人無法忽視。不再站在隊尾，是你走向成熟與進步的第一步。

當痛苦來敲門

設計公司招了一批暑期實習生，主管從中挑選了兩位，看似表現都不錯的年輕人來參與一個大型品牌改造專案。一位是剛從國外念完設計系回來的阿澔，作品很有想法，口才也不錯；另一位則是本地大學畢業的品儀，風格樸實、反應不快，但態度誠懇。

起初主管對阿澔寄予厚望，把他安排在創意部門，由資深設計師親自帶他。沒想到才過了一週，阿澔就抱怨事情太瑣碎、要求太繁瑣，「我不是來打雜的，我是來創造的。」他不斷質疑上司的要求，設計被退件兩次後，他就向主管提出調單位，希望換到「比較自由」的組。

相較之下，品儀在初期明顯跟不上進度，做圖速度慢、排版也不夠大膽，常被設計總監糾正。但她從不推卸責任，也不抱怨壓力大，只是默默把每次被退的稿件一一修改到最好。總監有次深夜加班時發現她還在改圖，忍不住問：「這只是實習，妳幹嘛這麼拚？」她答：「我知道我不夠好，只能多做一點，再學一點。」

兩個月後，主管決定錄用一位實習生轉正。阿澔沒有被選上，感到不可思議：「我明明一開始比較被看好耶！」主管淡淡回應：「你拒絕磨練，只想發光；她願意挨磨，終會發亮。」

一時的疼痛，換來長久的價值

幾個月後，阿澔在社群上看到公司幫品儀做了一篇專訪，她成為公司最年輕的品牌設計主視覺規劃人，還被派去參與國際展覽。他私訊主管：「她以前作品沒我出色，怎麼會輪到她？」

主管沒有多做解釋，只傳了一張圖，是那晚品儀一筆一畫修圖到深夜的背影照。

很多時候，成功不是給起點高的人，而是留給能熬得住、撐得過、願意咬牙學習的人。被雕琢的過程或許不舒服，但那些打磨，才是你生命的形狀，耐心承受，終會顯露你獨特的光芒。

願挨打磨的人，終能成器

這個世界從不缺才華橫溢的人，真正缺的是願意從頭學起、咬牙成長的耐性。你今天逃過的苦，明天會以另一種形式來找你；你今天接受的磨難，終將成為日後被看見的理由。

不怕被打磨的人，終將成為不可或缺的一角；怕痛的人，最後只能成為過道上的一塊被踩的磚石。成功沒有捷徑，只有堅持下來的身影。

被放棄的人生瞬間

在某家跨國企業的總部，一位年近六十的清潔員王叔，在辦公大樓工作多年，負責整層樓的清潔工作。他認真負責，雖然寡言，但與人為善。某天，公司人資發出通知：新年度的清潔工作將由外包公司接手，所有原職員面臨資遣。

王叔聽見消息那天，沒有哭也沒有吵，只是靜靜地坐在樓梯間，一邊看著自己的掃把，一邊低頭發呆。身旁一些年輕人私下議論：「他年紀這麼大，又沒什麼技能，肯定沒機會再就業了。」

被公司通知資遣後，他回到老家找工作，卻屢屢被拒。他既沒證照，也沒有任何「專業」技術，似乎一切都無法逆轉。

把困境踩在腳下的人

但王叔沒放棄。他用自己微薄的資遣費報名了專業訓練課程，連續三個月，每天一早搭最早的車到市區上課，下午再去打零工貼補生活。他在課程裡比誰都用心，把老師講的每一句話都抄進筆記本，回家後還在巷口垃圾場練習分類與消毒技巧。

幾個月後，他不僅拿到了清潔消毒專業證照，還取得了特殊場所清洗的合格執照。他把這些成果製作成一份簡單卻清楚的個人簡介，主動去拜訪當地的社區管委會，提出清潔服務外包的合作計畫，逐戶去推銷「專業消毒清潔方案」。起初沒人理他，但他每天早起幫公園清掃、幫社區志工打掃街道，用行動累積信任。

一年後，他的小公司承接了幾個社區的定期清潔工作，還聘請了兩位和他同樣被大企業裁員的朋友。曾經被企業放棄的人，如今自己變成了能給人機會的老闆。

逆境是墊腳石，不是絆腳石

王叔把每一鏟困境踩在腳下，當作邁上新階梯的起點。人生的絕望，不在於我們身處困境，而在於我們選擇如何回應困境。逆境，不會自己變好，但只要不放棄努力，每一把「泥沙」都可能成為我們踏上高處的力量。

別小看自己現在的處境，也別急著聽從他人對你未來的判斷。命運不是等出來的，是走出來的。

失速的改裝車

林奕凡是一位汽車改裝愛好者，工作之餘最愛把愛車當作藝術品來打造。他那輛手排老車，是十年前從表哥手上接來的，車齡雖長，性能卻極佳，穩定耐操。雖然外型略顯陽春，但對他來說，這部車就像夥伴般陪他度過無數通勤與旅程。

某天，他在網路上看到一篇關於「車體視覺改裝」的文章，頓時燃起了為老車改頭換面的念頭。他興沖沖地跑到一家知名改裝店，要求在車身上加裝誇張的空力套件與大型尾翼，還貼上炫目的拉花與競速貼紙。店家提醒：「這套空力套件是設計給高速賽道用的，裝在你的老車上可能會影響穩定性與重量分配。」但他一聽就不耐煩，擺手說：「沒關係，我只是想讓它帥一點！」

改裝完的那天，林奕凡看著眼前閃閃發亮的愛車，自信滿滿地說：「現在，才像是一臺真正的車。」他載著朋友上山兜風，風景如畫，心情正爽，卻在一個轉彎處突然失控打滑，整輛車側翻在路旁的邊坡草叢中，所幸人無大礙，車子卻報廢了。

事後車廠工程師檢查指出：那套尾翼與前下擾流過重，嚴重改變原車的配重與空氣動力，讓原本就偏輕的後輪失去抓地力，再加上山路溼滑，才導致失控。

林奕凡看著那堆花花綠綠的車殼碎片苦笑：「原本只是想讓它好看，沒想到毀了整臺車。」

實用性勝過華麗外表

追求美感本無可厚非，但若在原有價值尚未充分發揮前，過度雕飾與裝扮，反而會成為沉重的負擔。真正的實力與價值，在於內在的穩定與功能，而不是表面的包裝。人生亦然，當我們試圖用浮誇掩飾不安時，也許正錯過了本來就具備的精準與力量。務實地強化自己，才是讓價值持久綻放的不二法門。

登島的女孩

在一所設計學院裡，有兩位畢業生各自懷抱著成為建築設計師的夢想。林婉琪家境普通，但性格堅毅；而同班同學沈以翔則來自富裕人家，擁有最新的電腦設備、設計軟體與人脈資源。

畢業前夕，婉琪在一次設計論壇上，得知一個建築實習計畫正徵求志工，地點位於菲律賓偏遠小島上的永續建築基地，三個月後就啟動。回校後，她興奮地跟沈以翔分享：「我決定報名這個基地實習，不管薪水多少，至少能參與真實建築的第一線操作，這是千載難逢的機會。」

沈以翔聽完後大笑：「妳連英文都還沒練好，也沒海外工作經驗，就敢去東南亞蓋房子？我爸說，想去國外發展要先準備好履歷、作品集、推薦函、英檢證書……我得花點時間一步步規劃。」

「但等你準備好時，機會還在嗎？」婉琪笑了笑，沒有多說，隔週便開始打兩份工、晚上補英文，全力籌備機票與生活費。

三個月後，她啟程前往菲律賓，踏入那個她從未想過的環境。小島上蚊蟲叢生、工地簡陋、生活條件艱苦，與她在臺北熟悉的便利生活完全不同。但她努力學習當地的建材與工法，日夜與建築師、當地工人並肩作業，還獲得了首度參與社區設計案的機會。

實踐永遠不會等人

一年後，林婉琪憑著實習成果與海外經歷，順利進入一家跨國建築公司任職，成為青年設計師中的亮點人物。那時，沈以翔還在臺北整理著他「未完成的計畫」，不斷參加課程、模擬面試、重編作品集，但始終遲遲不敢真正投出申請信。

某次校友會上，沈以翔問婉琪：「妳怎麼那麼快就出去闖了？」婉琪淡淡地回答：「因為我知道我不會準備好，但我更怕錯過開始的機會。」

空談一里，不如踏步一尺

實現夢想，最關鍵的往往不是準備是否齊全，而是你是否願意踏出第一步。許多看似不夠格、不成熟、不萬全的起點，只要你肯走，就會在前進中逐步累積資源與信心。而那些等著「完美時機」才願意行動的人，往往會發現，機會早已悄悄地從眼前溜走。說得再多，不如做得一點，夢想從來不會等那些只會「準備」的人。

只想紅，卻不願練

大學生阿庭一心嚮往成為知名 YouTuber。他常在社群媒體上看到許多年輕人靠拍影片一夜爆紅、接廣告賺大錢，便認定自己也可以輕鬆成功。他買了一臺高階相機與燈光器材，設置好背景，立刻開始拍片。內容是模仿網紅的日常 Vlog 與談話內容，有時甚至直接抄用對方的影片題材與語氣，只希望能快速吸粉。

拍了幾支影片後，觀看次數始終慘淡。阿庭不服氣，跑去請教學校的影像老師，說：「老師，我拍得跟別人差不多啊，怎麼還沒人看？是不是我缺了什麼關鍵技術？可不可以直接教我怎麼剪得像那些百萬點閱的影片？」

老師看了一眼他拍的片段，平靜地說：「你想學剪輯，我當然可以教，但你連腳本都沒寫清楚，聲音品質也沒處理過，內容缺乏主題，觀眾憑什麼留下來？」

阿庭急著說：「可是我想要趕快紅起來啊，我不要學那些細節啦，我就只想學怎麼讓影片衝上熱門！」

成功不是「跳過基礎」

老師嘆了口氣，說：「你看到別人現在在雲端，卻沒看到他們曾經在地上怎麼一步步走過來。沒有人能直接從零跳到熱門排行榜，就像蓋房子不可能從第三層蓋起。」

阿庭聽完還是有點不服氣，回去後他決定再拚一把。他直接買了流量平臺的點擊服務，希望靠假數據製造人氣。然而不久就被平臺偵測到刷流量行為，不但頻道被限流，還被取消獲利資格。

此後，他再也沒碰過攝影器材，而當初那堆價值不斐的器材，最後都成了二手市場的拍賣品。

腳踏實地，才有高樓可登

很多人渴望站在聚光燈下，卻不願意花時間打穩腳下的地基。無論是創作、學習、創業或職場，真正的成就從來都不是一蹴可幾的奇蹟，而是無數次的練習與累積。想成功不是錯，但若只想「跳過過程」直達目的，那最終只會跌得更重。萬丈高樓平地起，不願意走過一磚一瓦的扎實之路，就別妄想能站上頂端。

唯一能救自己的人

方芷是一名在臺北打拚多年的設計師。她一直希望能進入知名的創意公司，但履歷寄出後總是石沉大海。她開始懷疑自己，常常對朋友抱怨說：「為什麼別人都那麼幸運？是不是我命不好？我真的已經很努力了。」

她也常跑去聽各種講座，希望能聽到「翻轉人生的祕訣」，有時還會去拜拜，祈求有轉機。某天，她參加了一場關於職涯突破的論壇。講者是一位從國外返臺創業成功的青年，在問答時間，方芷鼓起勇氣舉手問：「請問你當初是怎麼被貴人相中的？我一直在等一個機會，但就是等不到。」

那位講者沉默了一下，然後微笑著說：「我從沒等貴人出現，我就是自己的第一位貴人。」

那天回家後，方芷一直想著那句話。她第一次沒有滑手機，而是站在鏡子前看著自己。過去她總是抱怨公司不賞識她，市場不公平，卻沒有認真整理自己的作品集，也沒有主動認識業界的人。

隔天，她將作品集重新設計了一遍，並開始寫信給業界一些她欣賞的設計總監。她不再等人發現她，而是主動出擊。三週後，她收到一家設計公司的邀約。對方說：「是妳主動聯絡我們的誠意打動了我們。」

她才發現，原來自己一直以來最缺的，不是機會，而是主動去創造機會的勇氣。

最可靠的貴人，是你自己

人生常有風雨，也常遇難關，但真正能幫你跨過去的，從來不是別人遞來的傘，而是你自己決定去買傘、去撐傘的那一刻。信仰、朋友或任何外力或許能陪你一段，但不會一直代替你前行。真正的自救，不是等人拉一把，而是自己選擇站起來。別把希望全押在他人身上，那會讓你失望；學會靠自己，那才是改變命運的開始。

最懂得表達的人

在一場大型企業舉辦的員工形象攝影展中，公司執行長親自下令，為自己拍一張「兼具威嚴與親和力」的照片，作為內部刊物與官網用圖。他特別邀請了三位資深攝影師為他拍攝。

第一位攝影師，是一位專門拍攝形象照的名家。他在修圖時將執行長臉上的細紋全都磨平，略顯隆起的肚子也完美縮小，還為他加上了幾分明星般的光暈效果。照片完成後，執行長一看，臉色沉了下來，淡淡說道:「這是我，還是廣告明星？」隔天，公司發出通知，這位攝影師的合約立即終止。

第二位攝影師則走寫實風格，他將執行長如實拍下，不僅呈現他偏嚴肅的神情，還保留了髮際線後退的明顯特徵。照片一公布，員工笑言「太寫實了，像紀錄片」，執行長見了照片，只回了句：「這是你對我形象的理解？」之後，這位攝影師也被請出了辦公大樓。

第三位攝影師來自設計部門，並非專業攝影師。他請執行長站在會議室窗邊，背景是城市天際線，手中拿著一本攤開的報告書。他讓執行長望向窗外，臉上露出剛毅又略帶微笑的表情，鏡頭捕捉的是光影打在他一邊臉龐的時刻。

這張照片一出，整個公司都說好。執行長也感到非常滿意：「這張照片讓人感覺我是有思考、有掌控感，但也仍然親近的主管。」他親自送了一張感謝卡給這位攝影師，並誇讚他「最懂得捕捉人的氣質」。

表達，不只是複製現實

過於討好令人反感，太過真實又缺乏溫度，真正高明的表達，是在尊重事實的同時，巧妙展現對方的最佳角度。無論是攝影、溝通或創意工作，最成功的表現往往在於兼顧真實與感受，用心去理解對方的特質，再以恰當的方式呈現出來。這樣的表達，不是虛偽，而是智慧，是一種讓事實發光的能力。

懂理論，不代表能掌舵

一間創業育成中心曾邀請從國外名校回臺的碩士生江濤擔任創業導師。他年紀輕輕，卻對創業理論滔滔不絕，不論是募資流程、用戶經營、商業模型還是市場趨勢，他都能引經據典，彷彿每一本創業教科書都被他背得滾瓜爛熟。

於是，有幾位剛畢業的年輕人深受感動，決定邀請江濤成為新創公司的共同創辦人，讓他主導營運策略。江濤滿懷信心地加入，開始每天召開會議講授各種「精準理論」，訂出一套完美的計畫與時間表。他強調：「按照這個流程來，成功只是時間問題。」

然而，當產品推出後，市場反應冷淡。他們照理論砸錢打廣告，卻幾乎沒人買單；他們根據教科書設計的會員制度，也無法留住用戶。江濤堅持：「流程沒有錯，是市場還沒準備好，我們要等。」

但等來的不是轉機，而是資金耗盡，公司倒閉。團隊四散離去時，才發現江濤雖然熟記理論，卻從沒真正走進市場，也從未面對過用戶的真實回饋。

其中一位原始成員王祐軒在倒閉後另起爐灶。他說：「那次經驗讓我明白，一個人會講，不等於他能做。創業不是寫論文，而是走進真實世界去碰撞、修正、改變。」

這次，他不再只聽理論派的建議，而是親自跑到市場觀察人潮動線，與攤商聊天，實地了解小額支付的市場需求。靠著從用戶手中學到的經驗，他的行動支付平臺反而快速打入市場，成為在地成功的案例之一。

紙上談兵，不如腳下實幹

在這個資訊氾濫的時代，會說話的人越來越多，真正肯做事的人卻越來越稀少。理論是地圖，但實踐才是你雙腳走過的路。不要被一張張完美的流程圖所迷惑，真正能讓你到達彼岸的，不是你背了多少書，而是你是否敢走上甲板，親手轉動那只真正指引方向的舵。

明珠暗投，才華錯位

一位畢業於名校、主修人工智慧的年輕工程師林子凱，初出社會時信心滿滿，希望進入頂尖科技公司，發揮所長。奈何時運不濟，面試數家科技大廠皆無著落。為了生活，他轉而進入一家傳統製造業，在資訊部門負責資料登錄與設備保養。

主管對他說：「我們這裡不需要什麼高深技術，只要會修電腦、開報表就好。」於是他每天處理報修單、維護舊系統，甚至幫人裝飲水機、換碳粉匣。

時間久了，林子凱逐漸變得沉默寡言，起初他還會嘗試向上提出流程自動化的建議，但都被以「這邊沒預算」或「大家都這樣做」的理由打回票。他發現，不是自己沒有實力，而是這個地方根本不需要他的專業。

直到有天，一位業務誤將子凱寫的分析報告轉寄給了總公司資訊長。對方立即來信詢問：「這是誰做的？你們部門有這樣的人才，怎麼沒有讓他參與資料系統的整合專案？」後來總公司直接將子凱調入技術中心，擔任 AI 模組開發專員，他的才能這才得以真正發揮。

能力需要正確的位置

一把利刃若被用來當湯匙，終將磨鈍；一位飛行員若被安排開卡車，即使技術再高，也不可能飛得起來。

林子凱後來回憶：「我不是不夠好，而是起初待錯了地方。」在技術中心的第一年，他就參與了兩個大型 AI 專案，並主導了一項資料預測模型的開發，被評為當年「潛力之星」。

如果他還在原公司倉庫內擦著老舊伺服器的灰塵，才華將漸漸耗盡。

選對舞臺，讓能力說話

一件工具的價值，不在於它能被使用，而在於它是否被用對了地方。

在職涯初期，很多人會遇到「懷才不遇」的挫折。問題往往不是你不夠優秀，而是你被擺錯了位置。與其忍耐埋沒，不如思考：這個地方能否了解你的價值？若答案是否定的，那麼勇敢轉身，尋找適合的舞臺，才是真正對自己負責的選擇。

別讓自己像鋒利的寶劍，被拿來當柴刀使，最後鏽跡斑斑還被誤解成無用之物。只要你記得自己是誰，總會有人懂得你的銳氣與光芒。

各有所長的戰場布局

在一個動物王國裡，森林之王獅子正面臨一場來勢洶洶的外敵入侵。為了保衛領地，獅王決定召集各類動物，組織一支機動靈活、攻守兼備的隊伍。

獅子安排大象負責補給運輸，靠著牠穩重踏實的性格與強健的體格，大批軍需品得以安全送達前線；兇猛好戰的獵犬擔任突擊隊長，負責前鋒衝鋒陷陣；狐狸一如以往，擔任參謀職位，提供謀略與策略應變；靈活的猴子則負責在敵軍眼前製造混亂，爭取我方調整陣地的時間。

就在這時，有隻猩猩提出疑問：「那幾隻生病的鼴鼠和那頭老到走不快的水牛也要帶上戰場嗎？這不是拖後腿嗎？」

獅王聽完，卻不以為意，反而笑著說：「你看到的只是他們的不足，我看到的卻是他們的價值。鼴鼠視力雖差，但嗅覺異常敏銳，能在地底先一步察覺敵人動向。至於那頭水牛，牠雖然緩慢，卻堅定沉穩，可以負責防守營地，充當我方最後一道防線。若真的遇上敵襲，牠必定會堅守到底。」

這番話讓眾人恍然大悟，獅王也就這樣因材施用、因勢利導，成功組建出一支戰力強大的動物聯軍。

識才任用，才能穩固根基

有些人天生聰穎，有些人動作迅捷，也有人耐力強、心細如絲。每個人都有他的獨特價值。身為領導者，最重要的不是只挑「強者」，而是懂得發掘潛力，安排合適的位置。真正強大的團隊，從來不是所有人都一樣優秀，而是每個人都在對的地方發揮最大能量。

年輕的主管們，不妨從這位虛構的獅王學習：看見每個人的可能性，而非只關注他們的限制。畢竟，一場勝仗，不是靠單打獨鬥，而是全體協力完成。學會「慧眼識才」，才是真正的領導功夫。

難以統一的創業團隊

在一次新創競賽中，有兩家團隊格外引人注目。一家是由五位來自同一科系、性格相似、配合默契的年輕人組成，他們名叫「狼隊」，主打高速執行與團體作戰能力強；另一家是名為「狗聯盟」的團隊，成員來自五花八門的背景：設計、財務、行銷、工程、還有一位是剛轉行的社工，平時個性與工作習慣南轅北轍，時常在意見上爭執不下。

狗聯盟由一位名叫程柏諺的領導者帶隊。他出身傳統商學院，有管理與統整的訓練，但比賽初期，狗聯盟內部常出現意見不合、進度脫節的情況，外界普遍不看好他們的整合能力。相較之下，狼隊不僅能快速產出，還在媒體宣傳中火速占據話題，被譽為奪冠大熱門。

即便如此，程柏諺並未急著反擊。他開始一一與團隊成員深談，了解每個人的專業與動機，重新分配角色與責任，還安排了幾場角色互換的模擬訓練，讓彼此更懂得溝通。外人看來，他們進度落後，其實正一步步鞏固團隊核心。

不一致也能變成優勢

終於，在決賽當天，狗聯盟端出一個兼具創意與技術、還有完整商業模式的提案。他們的簡報節奏緊湊，視覺設計亮眼，財務模型嚴謹，且現場模擬操作毫無破綻，成功打動評審。

反觀狼隊，雖然動作快、衝得猛，但因為團隊太過一致、觀點相近，缺乏異質性與多元解法，提案雖完整卻乏新意，讓評審們覺得「像是看過的東西」。

最後，狗聯盟逆勢勝出，成為那屆最令人驚艷的黑馬團隊。

看表象，終失真英雄

有位商人家財萬貫，閒來無事便養了數十隻貓作為寵物。這些貓各有模樣，有的毛色亮麗、有的活潑可愛，最得全家人歡心的是幾隻白日總愛在院子裡打轉的貓，時不時抓來一兩隻老鼠，逗弄一番後便叼給主人賞玩。

唯有一隻灰色的老貓，日間總縮在角落裡打瞌睡，看來又懶又呆，毫無可觀之處。主人厭惡牠的懶散模樣，不僅不餵好料，還三不五時呵斥。

某天，他終於不耐煩了，怒斥老貓無用，把牠驅逐出門。

沒過多久，屋內倉房老鼠橫行，咬壞食材，啃破衣櫥，半夜在屋簷跳竄弄得人不得安眠。主人急得跳腳，百思不得其解，怎麼那些平日「表現活躍」的貓一點用處也沒有？

這時，僕人低聲說：「自從老灰貓被趕走後，牠夜裡的巡守與狩獵就沒了。牠雖不起眼，但抓鼠可是一等一的高手。」主人這才明白，當初被他嫌棄的，正是整個家最有效的守衛者。

表功易得，默功難察

有些人擅長展現自己，做了點事就大肆宣揚；有些人則默默付出，從不張揚。問題是，現實中往往容易被表象迷惑，錯把光鮮當能力，將沉默視為無用。

年輕的管理者與組織領導們不妨問問自己：你想要的是「讓你看到牠在做事的貓」，還是「真正能把老鼠趕走的貓」？

真正聰明的人，懂得分辨誰是表演型選手，誰是真正穩扎實幹的關鍵人才。別讓虛榮和浮華蒙蔽雙眼，錯失了團隊中真正不可或缺的老灰貓。用人要看實績，不是看誰叫得響。選對了人，才能守得住真正的價值。

信任不該因風聲而崩塌

退休國文老師林太太，一生最驕傲的，就是她唯一的兒子品學兼優，從小到大幾乎沒讓她操過心。這天，她正坐在陽臺上剪報紙準備教會週刊的內容，鄰居劉阿姨急急忙忙跑來，氣喘吁吁地說：「林太太，不好了，妳家宏哲被抓走了，說是偷了公司帳款！」

林太太聽完，神情淡定，只是繼續手上的事，淡淡回了一句：「不可能啦，宏哲不會做這種事。」

過沒幾分鐘，第二個鄰居也來了，說：「我剛經過派出所，好像真有個叫林宏哲的被帶進去了。」林太太臉上神色微微一變，但仍冷靜地說：「我兒子是會計師，他有原則，這我很清楚。」

然而，當第三個鄰居帶著手機來，播放一段模糊的新聞片段，其中主播口齒不清地說著一個「林姓男子涉嫌挪用公司款項」時，林太太臉色煞白，剪刀掉在地上，顫抖著拿起電話，立刻打給兒子。

電話一接通，對面宏哲平靜的聲音傳來：「媽？怎麼突然打來？我正準備進會議室耶。」

那一刻，林太太紅了眼眶，卻又鬆了一口氣。

信任，有時比任何判斷都重要

當面對壓力與重重「聽說」時，信任經常是最先被擊潰的東西。真正的信任，並不是「聽一次就信」，而是即便聽三次、五次，仍能回頭審視、堅持對人的了解與直覺。

現代社會中，訊息瞬息萬變、真假難辨，判斷的基準往往不再是事實，而是聲量。有時候，一段話、三則留言、幾張轉傳的截圖，就能讓多年建立的信任土崩瓦解。

唯有冷靜、唯有信任、唯有堅守原則，才能真正做到「謠言止於智者」。不盲信群眾的吵雜，也不對親人輕易懷疑，才是成熟與理性的表現。信任不該像紙，風一吹就散；它應該是心中沉澱過後的選擇，是風雨來時仍堅定站立的力量。

踏實做事才是致富的真正祕訣

林志謙從小就夢想一夜致富。他在網路上看過許多關於虛擬貨幣暴漲的傳說，也深信所謂「被動收入」是成功的捷徑。後來他迷上了一種號稱能「自動化創造金錢」的加密交易程式，還參加了多場網路講座、買了昂貴的「致富密碼課程」，甚至辭去正職，全心投入。

短短幾個月，他就把積蓄全花光了，甚至開始向父母、朋友借錢。生活越來越拮据，連吃飯都成了問題。他的女友阿綺實在看不下去，只好帶他回南投老家找她爸爸幫忙。

阿綺的父親，是當地經營梅子園的老農，一聽志謙說想「靠聰明賺錢，不靠勞力」，只是笑了笑，接著說：「你想學賺錢的祕訣也行，我這裡有一門絕學，只是需要一種很特別的材料，那就是『三斤梅花掉落後晒乾的花瓣』，而且只能從你親手種的梅樹上採。」

志謙一聽，雖覺得奇怪，但為了未來，便決定留下來種梅子。他從整地、插苗、修枝、施肥做起，跟著未來岳父日出而作、日落而息。頭兩年沒什麼成果，甚至一度想放棄，但想到過去的空虛與失敗，他咬牙撐住了。

五年後，他不但成功種出了品質優良的梅子，還用自己的方式開發了梅精產品，設計包裝，在網路上銷售。他逐步累積財富，也贏得了農會的青年農民獎勵。

終於有一天，他將三斤晒乾的梅花花瓣裝進袋子，交給岳父，笑問：「我可以學那門絕學了嗎？」

岳父拍拍他的肩，指著後院堆滿的梅子貨架、訂單紀錄與結算報表說：「你早就學會了，那就是：腳踏實地，把心思用在實事上，才是真正的生財之道。」

腳踏實地，才是真正的黃金大道

林志謙後來常常在分享會上講自己這段轉折的故事。他說：「我原本追求的是一條捷徑，卻發現沒有一條路比勤奮更穩固。夢想不是幻想出來的，而是一點一滴耕耘出來的。」

這個世界上從來沒有哪種快速致富的方法可以替代真實的努力。那些看似神奇的煉金術，不過是騙人或自欺的包裝。真正能讓你變富的，不是取巧，而是不怕吃苦、不懼困難的行動與堅持。

夢想很重要，但若沒有實踐的土壤，它終究只是一場空想。而最踏實的耕耘，就是人生最可靠的煉金術。

別人的路，不一定是你的路

平時靠打零工維生的阿仁，看鄰村的老林最近突然過得富裕起來，不但換了新車，還搬到市區買了房，村裡人紛紛都說他是靠「山裡的奇遇」發了財。

阿仁心想：「我們都住這個山邊，他能發財，我一定也可以。」於是跑去問老林，老林一開始不願多說，最後被阿仁纏得煩了，才神祕兮兮地說：「我當時是獨自去山頂修行，遇到了一群山猴，被牠們誤認為神人，還供奉我銀器。我裝了三天神，等猴子離開，我就拿著那些東西回家了。」

阿仁一聽樂壞了，心想這招不難，就按照老林說的，背著破布和香灰，裝成山神模樣爬上山頂，找了棵大樹坐下來開始閉眼打坐。他等了兩天，果然來了一群猴子，好奇地看著他，還往他腳邊丟了些果子。阿仁靈機一動，大聲唸誦經文，還對著猴群揮手作法。猴子們居然跪伏下來，有模有樣地跟著拜。

正當阿仁以為這招有效時，忽然一隻猴子跳到他肩上拔下他頭上的破布，另一隻還搶走他的背包查看。他慌了，睜眼大叫：「別動！我是神啊！」但猴子哪懂這些，只當他是騙子，一哄而上把他打得鼻青臉腫，連滾帶爬地下山。

阿仁回到村裡，一身泥巴瘀青，怨聲載道地說老林害他。但老林搖搖頭說：「我不是叫你學我裝神，是告訴你當時情況特殊，那些猴子餵了我幾天就走了，我根本沒想騙牠們，也沒動牠們的東西，是猴王自己留下銀器當供品。」

適合你的路，才是成功的方向

這世界上沒有兩條完全一樣的路，也沒有兩個完全一樣的幸運。別人走出的捷徑，若你不了解背後的脈絡與時機，硬是照搬，只會搬出災難。

真正的成功，往往不是複製別人的結果，而是摸索出自己的方法。模仿只看到表面，忽略了別人背後的條件、努力與經驗，就像阿仁只看到老林回來時手上的銀器，卻沒理解過程中的關鍵差異。

與其執著於「怎麼複製別人的運氣」，不如問自己「我該走哪條屬於自己的路」。把時間花在深耕自己擅長之處，才是踏實走向成功的唯一方法。

卡住的不是問題，而是思考方式

一間老字號文具工廠，因為市場轉型逐漸沒落，內部士氣低迷。一天晚上，廠內主要生產區忽然跳電，一整排燈泡全都熄滅，工作人員只能靠手電筒應急。

隔天早上，廠長召開緊急會議。他拍桌大喊：「這是什麼破設備？從今天起，我要所有燈泡都換成最頂級的工業燈，亮度要翻兩倍，線路也全部重新鋪設，一星期內完成，誰拖到就負責！」

大家一聽都傻眼了。廠房老舊，重新配線得拆牆鑿地，還要申請電力工程許可，根本不可能一週完成。工程師苦笑說：「老闆，我們的預算和時間都不夠啊。」

所有部門陷入焦頭爛額時，有位剛進公司的實習生悄悄問：「昨天是全廠都跳電，還是就那一排燈泡沒亮？」

工程部說：「就那一排，其它都正常。」

實習生說：「那我們怎麼不先看看那一排的電路，是不是接觸不良或燈泡壞了？也許根本不需要大工程。」

這話像當頭棒喝，技術人員立刻查線路，果然發現是一個總開關的接點鬆脫，加上那排燈泡使用年限已久，部分燈絲斷裂。當場換上新燈泡，調整開關，燈光立刻恢復如常。

廠長聽完後沉默良久，當眾拍拍實習生的肩膀說：「我昨天是被自己氣昏了，差點讓整個工廠陪我翻牆拔線。」

從此，這家工廠設立了「逆向提問小組」，每當遇到重大決策前，先問一句：「還有沒有更簡單的辦法？」結果反而節省了大筆成本與人力。

思考方向，決定解法難易

當我們碰到問題時，常常會習慣性放大它，企圖用最激烈、最徹底的方式去「一勞永逸」。但許多看似龐大的難題，其實只是「線鬆了」、「燈泡壞了」，真正卡住我們的，是一成不變的思考模式。

如果你總是站在情緒的位置上想問題，那麼每一個小插曲都會變成大災難。而若你能退一步、換一邊、低一點角度重新審視問題，也許就會發現：不需要推倒整面牆，只要轉一下開關，光就進來了。

人生許多關卡，解方從來不是「更拚命」，而是「更聰明」。你是否已經習慣從問題裡找答案，還是願意從思緒裡找出口？這，決定了你走得多快、多遠，也多穩。

實力，才是談判的籌碼

在遼闊的海岸邊，一隻螃蟹與一隻海鷗結成了捕食同盟。螃蟹善於潛藏與埋伏，海鷗則能高空偵查與俯衝攻擊。合作之初，他們總能順利捕到魚蝦，但當牠們坐下來分食戰利品時，問題就出現了。

「這次你只得到這塊魚尾，其餘的，我帶回去孝敬父母。」海鷗拍著翅膀說。

螃蟹雖然不滿，但礙於自己行動緩慢、力量懸殊，只好默默接受。這樣的情況重複了好幾次，牠開始感到憤懣卻無處申訴。

有一天，螃蟹遇見了一隻年邁但威嚴十足的章魚長者。章魚聽了牠的遭遇後說：「明天我來幫你主持公道，不過你得把我藏在岸邊岩縫裡，讓我親耳聽聽牠怎麼說。」

隔日，螃蟹與海鷗照例捕到一條肥魚，又回到熟悉的岩石旁分食。海鷗正準備張口說出老話時，螃蟹搶先一步：「今天，換你當著見證者的面分一回吧！」

海鷗皺起眉頭：「什麼見證者？」

這時，章魚從岩縫中緩緩爬出，觸手晃動，神情肅穆。海鷗神色一變，立刻改口說：「嗯，這魚太大，我一口吃不完，不如你全拿去吧！」

螃蟹狐疑地問：「你怎麼變這麼大方？」

海鷗回道：「這世道……變了嘛。」

「是世道變了，還是你害怕我的靠山了呢？」螃蟹不客氣地回應。

別只等公平，要先成為有力的一方

海鷗的改變不是出於良心，而是因為螃蟹不再單打獨鬥。現實裡，弱者講道理常常徒勞無功，強者開口才有人傾聽。你說公平，它若沒有後盾，就只是空話。

這世界並不總是講理的，講的是你有多少籌碼。想要分得你該有的那一份，就得讓自己變得更強，不靠天不靠命，而是靠你站得夠穩、話說得夠響。

如果你還在受人宰割，不要怨「世道未變」，而是問自己：我，準備好讓世界重寫規則了嗎？

第四章

深交的智慧

識人不用問，先看他與誰同行

小夏是一位剛升任主管的年輕人，為了替公司增添新血，開始在求職網站上徵才。幾天後，她找來一位應徵者阿哲面談。阿哲履歷亮眼、談吐得體，看起來非常適合這份職位。小夏決定進行一週的試用觀察。

試用期第二天，小夏注意到一個小細節：阿哲午休時總是和辦公室裡那位工作最懶散、最常批評公司制度的老員工一起吃飯聊天。更讓她在意的是，兩人話題內容常繞著「怎麼少做事又不被發現」、「公司哪裡又虧待員工」等等負面話題。

幾天觀察下來，阿哲雖然表面努力，但態度上開始出現鬆懈，小夏還聽到他對其他新人抱怨說：「這家公司太嚴了，還不如我朋友的公司輕鬆。」於是，她立刻做出決定，婉拒了阿哲轉正的申請。

和誰為伍，決定你會走向哪裡

小夏後來對同事說：「一個人想融入什麼樣的圈子，往往比他當下說什麼更值得觀察。你想努力，他卻天天跟渾水摸魚的人走在一起，那你用不了多久也會被拉進那種習氣裡。」

人們常說，看一個人不用聽他說什麼，只要看看他交的是什麼樣的朋友，基本就能知道他的內在是什麼樣的人。熱愛學習的人自然聚在圖書館，貪玩懶散的人總在便利商店附近打混。朋友不只反映了我們的品味，也會逐漸塑造我們的方向。

選擇對的人同行，比走得快更重要

人常常只關注自己的能力和機會，卻忽略了身邊的人正慢慢影響著自己。一個人若總是與消極、拖延、混日子的人為伍，即使起點再高，也終將走偏。與其被不良習性慢慢侵蝕，不如一開始就慎選與誰同行。因為你所處的圈子，往往就是你未來的樣子。選對朋友，也是在選對自己的命運。

同舟共濟，才能走得更遠

一場考古探險隊深入北非沙漠，成員包括資深領隊艾倫、攝影師娜塔莉、後勤工程師馬克，以及年輕的植物學家凱西。他們合作無間，分工明確，是業界少見的黃金小隊。

某日，他們在沙丘深處發現疑似古文明遺址。凱西興奮地留下來做植物樣本的採集，艾倫則帶著其餘人繼續前進。傍晚，天色突然大變，一場罕見的沙塵暴席捲而來。

艾倫趕緊集合人員撤退，卻發現凱西仍未歸隊。風暴愈來愈強，能見度接近零。有人勸艾倫：「風太大了，晚點風停再找她吧！」但艾倫搖頭：「她還太年輕，也沒經歷過這種沙暴，我們不能等。」

娜塔莉立刻提出路線判斷，馬克調出無線電發送訊號。他們三人分頭行動，艾倫冒險逆風尋找，馬克則用應急燈設計了一個信標系統引導方向。終於，在一個凹陷的沙谷中，艾倫發現了蜷縮的凱西，她的背包早被風掩埋，幾近虛脫。

他們終於在夜裡風停後平安返回帳篷，凱西眼泛淚光道：「我差點以為自己要死了……」

馬克拍拍她肩膀說：「我們是一隊的，不可能丟下妳不管。」

共患難的朋友，是命運賜予的珍寶

這次經歷之後，凱西明白，團隊不只是組織上的配置，更是生命中的靠山。每個人都有盲區與脆弱之處，但有一群可靠的人在身邊，才能在危急時刻挽回不可逆的損失。

朋友，不只是在你成功時喝采，更是在你身處風暴中心時，不顧一切衝過去拉你一把的那個人。真正有價值的人脈，是能互補、能信任、能陪你撐過黑暗的人。

人與人之間的連結，從來不是建立在一時的利益上，而是建立在「我願意為你走一段路」的選擇裡。職場亦如此，生活亦如此。能並肩過沙塵暴的朋友，不必太多，一兩個，就足夠支撐你面對這漫長又崎嶇的人生路。

沉溺遊戲的年輕人

黃信宇是一位剛畢業的年輕人，原本學業成績不錯，也有穩定的家庭和簡單的生活目標，但自從認識了線上遊戲裡一位名叫阿龍的男子後，他的生活逐漸脫軌。

阿龍遊戲技術高超，整天出入各大電競館，不是組隊打比賽，就是在虛擬世界中大聲呼喝，彷彿掌控著什麼英雄命運。黃信宇起初只是被吸引，後來便成了阿龍的固定戰友，兩人每天十幾個小時都泡在一起。

起初，他覺得這種生活新鮮又刺激，課業和打工都漸漸被他擱在一旁。家人多次提醒他遠離這樣的圈子，他卻一笑置之，覺得他們不懂年輕人的自由。

直到有一次，他和阿龍去參加一場非法的地下比賽，現場突然被警方臨檢。儘管信宇沒有牽涉其中，但也被帶回調查了整整一夜。他驚覺，自己竟然不知不覺站在法律邊緣。

調查結束後，他走出警局時，沒看到阿龍。他拿起手機想聯絡對方，卻發現對方已經封鎖了他所有聯絡方式，彷彿從沒出現過。那一刻，他才真正意識到，這段關係根本不是朋友之間的情誼，而是沉迷與墮落的拉扯。

從那天起，信宇重新拾起課本和人生方向。他報名了考試、找了正職工作，也重新聯絡上過去那些在他最迷惘時仍願意伸手拉他的老同學與舊朋友。

有次，公司聚會時，一位前輩聽他講起這段往事，淡淡地說：「一個人能走多遠，常常不是看他的能力，而是他走路時身邊站的是誰。」

交友如立命根基

誠如所言，朋友的影響力往往比自己還大。人是群體動物，日常對話、生活習慣、價值觀念，很容易受到身邊人的潛移默化。當你身邊的人整天想著偷懶、投機或沉迷享樂，你很難一直清醒；當你身邊的人都在為未來努力，你自然也不甘落後。

年輕人一生中會遇到各式各樣的人，有人會拉你一把，有人卻會將你拖入深淵。我們不必追求完美的朋友，但必須慎選本性善良、言行正直、有原則且能互相激勵的同行者。

選擇什麼樣的朋友，往往就選擇了什麼樣的人生方向。願我們都能在人生路上，與好人同行、與志者為伍，少一點迷失，多一分清明與堅定。

搭檔的力量

大學畢業後，安婷與子洋一起參加了一場創業競賽。安婷主修設計，對美感與產品視覺十分敏銳，卻對財務報表一竅不通；而子洋來自商學背景，擅長市場分析與數據邏輯，卻總在視覺設計上跌跌撞撞。兩人原本只是普通同學，在報名截止的最後一刻才湊成隊。

起初，他們對彼此都不太信任。安婷嫌子洋太現實、不懂美感，子洋則覺得安婷理想化、不切實際。然而真正開始分工後，他們意外發現對方剛好補足了自己最大的缺口。

簡報設計時，子洋提供精準的資料結構與銷售預測，安婷則將複雜數據轉化為一目了然的視覺呈現；去見投資人時，子洋能條理分明地講述財務模型，安婷則用一張張精緻的產品草圖打動人心。兩人的配合逐漸默契十足，決賽時，他們的提案拿下了第一名。

一年後，他們真的創立了自己的品牌。「如果當時只靠我一個人，這公司絕對活不過三個月。」子洋在一次訪談中笑著說。安婷點頭附和：「我也是，如果沒有他，我現在可能還在設計自己的夢想，卻沒人看見它的價值。」

合適的夥伴，不需樣樣都一樣

有些人創業時總想找志趣相投的朋友，其實真正的關鍵不是相似，而是互補。你會說故事，他會算帳；你衝得快，他守得穩；你看得遠，他顧得細。這樣的搭檔，才能讓一艘小船乘風破浪，而不是原地打轉。

這不是誰依賴誰，而是彼此都坦然承認了自己的不足，並選擇相信對方的長處。這才是真正的「一加一大於二」。

年輕人在選擇朋友、同事、甚至人生伴侶時，不妨放下那種「要一樣才好溝通」的迷思。真正的強大，不是全能，而是能與對的人組成更強的聯合。

親近過頭，有時反而變成負擔

畢業後，明靜和大學同學佳妮決定合租一間小公寓。兩人從大學時代就是感情很好的閨密，彼此熟悉、無話不談，還開玩笑說：「我們簡直比姊妹還親。」

剛開始同住的日子愉快又自在。兩人輪流做飯、一起追劇、熬夜聊天，彷彿回到了校園宿舍時光。可沒過幾個月，問題一個接一個冒了出來。

明靜喜歡早睡早起，佳妮卻習慣夜貓作息；佳妮覺得明靜對生活太嚴格，動不動就規劃收納，明靜則認為佳妮太隨興、不拘小節。最初她們試著忍耐，後來開始互相提醒，到最後變成了冷戰。

某天，明靜回到家，看見佳妮把沙發占滿，外套亂丟、杯子也沒洗。她忍不住抱怨：「妳到底什麼時候才要整理一下？」佳妮聽了也火大地回嗆：「我住這裡也不是來當妳的員工！」兩人大吵一架，氣氛降到冰點。

冷靜幾天後，佳妮搬到同棟大樓的另一戶套房，兩人分開住了。起初都覺得鬆了一口氣，但幾週後，她們開始互傳訊息、相約吃飯，關係反而比以前更好。明靜笑說：「其實我們比較適合當朋友，不適合當室友。」

友情不等於零距離，適度的空間反而更長久

就像冬日裡的刺蝟，靠得太近會刺傷彼此，但離得太遠又會失去溫度。人際之間也是如此。過度親密可能導致摩擦，尤其在生活習慣、價值觀不同的情況下，容易讓原本的欣賞變成挑剔，讓友誼走向疲乏與崩裂。

真正成熟的友誼，是懂得為對方留白。無論多親近的關係，也都需要一點空間和界線。保持彈性與尊重，不必無所不談、不需天天相聚，反而能讓彼此在舒適的距離中長久相處。

友情不是把彼此綁得太緊，而是在適當的位置，成為彼此的靠山與支撐。與其因過度靠近而生嫌隙，不如學會如何在適當距離中溫暖對方，這才是維繫長久關係的智慧。

關鍵時刻才看得清誰拉你一把

安妮與潔西是一對認識多年的好友，兩人不但一起長大，還合開一家旅遊工作室，專門規劃極限冒險之旅。某天，她們接下一個高空熱氣球拍攝專案，需要搭乘熱氣球飛越峽谷取景。

清晨，她們與工作人員登上熱氣球，在操作員指示下緩緩升空，一切似乎都如計畫順利。但飛行至峽谷中央時，突如其來的一陣強風吹亂了氣流，一邊的繫繩突然鬆脫，籃子一側劇烈搖晃，眼看可能整個翻覆！

操作員試圖控制平衡，卻發現其中一根安全索正快速脫落。安妮驚恐地伸手抓住那根搖搖欲墜的繩索，卻因力道不夠逐漸被帶出籃外。她驚叫求助：「潔西，拉我一把！」

潔西回頭看了她一眼，眼神閃過遲疑，竟轉身抓住攝影機與自己裝備，大聲喊：「放開繩子！妳會拉翻整個籃子！」說完便將自己繫在另一側，而安妮的手因無支撐，只能任自己掉入備用降落傘的緊急系統中。

她奇蹟似地降落在厚重的草地上，雖無大礙，但心中的傷遠勝於驚險過程。幾天後，她平靜地傳訊息給潔西：「原來妳選擇了機器，沒有選我。」

識人不必等災難，但災難從不說謊

這次事件雖未造成傷亡，卻讓安妮對「朋友」重新定義。平日裡無話不談、看似同進退的夥伴，在真正需要彼此的瞬間，卻不願付出任何代價。她不再問那一刻潔西心裡想什麼，她只知道，真正的朋友，不會在你懸在半空時選擇冷眼旁觀。

許多人在人生順風順水時交了無數「朋友」，但那當中有多少人，能在你身陷低谷時伸出手？關鍵時刻看人心，也許殘酷，卻最真實。

交朋友，不該只看陪你喝采的人，更要看誰願意在你崩潰時默默守著你；也不該只憑情緒靠近，而要留意是否理念相近、價值相容；更不是看誰最熱情，而是誰在你最孤立時還會主動聯絡你。

在真正信任之前，不妨保留一點觀察時間；在災難來臨之前，不妨試著觀察對方是否能承擔壓力。你不需要太多朋友，只需要幾個值得你不離不棄的，就足夠陪你走過風暴。

被打斷的演講

在一場企業內訓的培訓課程上，講臺上站著一位外表儒雅、談吐不凡的資深顧問，名叫尚恩。他西裝筆挺、語調沉穩，滿場聽眾都被他的言詞吸引，紛紛點頭稱是。他講述「自我管理與職場道德」，舉例充實又引人入勝，整場培訓氣氛幾近完美。

直到，有一名年輕員工舉手提問：「尚恩老師，您說做人要誠信，那如果有人為了升遷，暗中壓榨同事資源、搶走功勞，怎麼看這種人？」

這時，本來神情自若的尚恩，臉色忽然一變，語氣中透出不悅：「這種問題別在公開場合說，太過針對了，也有失禮貌！」

講師的突變令現場略感尷尬，但更讓人訝異的是，臺下有位主管臉色鐵青、靜靜地收起手邊筆記本，悄然離場。事後有人才知道，這名主管正是尚恩在早年任職某公司時排擠過的同事之一，沒想到在這場課程中舊事重提、讓他當場現形。

原來，「誠信顧問」的面具，只是尚恩多年來在臺前苦心經營的形象，而他的真面目，不過是在利益面前難掩鋒芒的權謀老手。

偽裝雖巧，終會露出破綻

我們身邊總有這樣的人：平時道貌岸然，談吐不凡，舉止中透露出「專業」、「修養」與「高尚」，讓人不自覺信服。可是一旦牽扯到個人利益或被點到痛處，原形立現。這些人不是不懂得掩飾，而是無法控制本性在欲望出現時的躁動。

與人相處，年輕人要學會的是觀察「反應中的真我」。一個人真正的品性，不在順境中的談吐，而是在逆境中的態度；不在公開的發表，而是在突如其來的挑戰中如何應對。面對利益衝突、面子危機時的臉色與反應，才是識人的關鍵時刻。

若你無法創造情境，那麼就多觀察日常細節。看他怎麼對待服務人員、怎麼面對突發狀況，甚至怎麼處理小小的摩擦與誤會。這些看似無關緊要的反應，往往才是他本性最直接的投影。

人雖有千面，但誠與偽的分界，終究藏在日常細節中。若想不被虛偽包裝誤導，就要學會察言觀色，更要時時提醒自己 —— 別人能戴面具，我們就該懂得辨真假。

不屬於「我們」的努力

職場新人瑄瑄與家豪，一起參加公司舉辦的專案提案比賽。這是一項需要創意與簡報能力並重的競賽，他們一開始約定好各自分工：瑄瑄負責資料搜集與簡報設計，家豪則主導提案內容與臺上報告。

整個準備過程中，瑄瑄日夜加班、整理資料、修圖排版；家豪卻常常遲到早退，把多數工作推給瑄瑄，自己只在最後幾天潦草準備講稿。到了比賽當天，家豪站上臺前流利地發表，提案最終獲得評審青睞，拿下第一名。

在公開表揚時，家豪喜笑顏開地說：「我們團隊真的很用心準備，謝謝我們的努力！」

瑄瑄站在一旁，聽著他口中的「我們」，卻一時啞口無言。她明白，這場「我們的努力」裡，其實多數是自己的付出。

幾個月後，公司內部升遷機會來了，家豪向主管推薦自己為專案主力，並說：「我們那次得獎提案，幾乎是我一手搞定的。」主管雖有些遲疑，仍將晉升名額給了家豪。

這一次，瑄瑄絲毫不意外，只是默默在心裡記下教訓：不要輕信那些只在臺前講「我們」，背後卻只為自己鋪路的人。

願意同甘，才有資格共苦

在合作中，有些人擅長利用「我們」這個字，將他人的成果巧妙地納入自己的功勞，讓自己顯得更有價值；而一旦遇上麻煩，他們又能迅速劃清界線，把問題丟給別人承擔。

真正值得深交的夥伴，會在成果面前不獨占光環，在責任面前也不推卸退縮。他們說「我們」，是出自內心的團隊意識，而非利用語言掩飾自私的藉口。

所以，別輕易把自己的努力交付給一個只會在風光時喊「我們」，卻在危難時轉身離開的人。與其在一段虛假的「我們」中受傷，不如一個人踏實前行。你值得更好的夥伴，也值得一個真正的「我們」。

熱心幫倒忙

在一間科技新創公司裡，有一位年輕的工程師林瀚，剛從國外回來不久，個性溫和，才華洋溢。他平時喜歡獨處，總是一個人埋頭做事，不太與同事交際。

某天，一位新進的同事阿誠主動靠近，說要幫林瀚分擔一些瑣事。起初林瀚並不太在意，但見阿誠熱情可親，也就沒多想。從此，阿誠每天都來關心他：「你要不要喝咖啡？我幫你跑腿。」或者「你這報告我幫你校稿吧，讓你專心寫程式。」

林瀚出於客氣，便讓他幫忙一些簡單的雜務。但漸漸地，阿誠開始越界。他擅自更動了林瀚的簡報格式，還幫他報名了一場公開演講，甚至替他發表了一段「感謝團隊」的貼文。當林瀚發現時，那些話完全不是他自己會說的風格。

有一次，公司準備向董事會發表新開發的 AI 模型，林瀚趕工到半夜才完成模擬。阿誠見他累了，說要幫他「處理一些小細節」，結果卻不小心把測試資料誤刪，還自作主張重新整理了資料庫。當天簡報時，資料失準，整個演示中斷，林瀚當場被主管質問。

事後，阿誠滿臉愧疚地說：「我真的只是想幫你，不想讓你太累……」林瀚沉默良久，無奈地說：「你的好意我知道，但請不要再幫我了。」

不聰明的好意，往往是傷害的開始

在職場與生活中，若有朋友願意相挺固然是福氣，但若這位朋友熱心卻無自覺地亂幫忙，往往反而帶來無法收拾的後果。林瀚所遇的，不是惡意的背叛，而是「帶著善意的損友」。

一個愚蠢的朋友可能會在你不知情時，把你「修理」得面目全非，而你還得咬牙微笑說聲「謝謝」。真正成熟的人際關係，並不是一味地熱心，而是懂得分寸的支持與適度的幫助。

朋友不是只靠熱情來衡量，而是要看是否能在你需要時真正提供助力，而非用石頭解決蒼蠅，最後砸壞你的一切。

拒絕合作的代價

在一間網路行銷公司裡，有兩位同部門的同事：一位是資深企劃經理安喬，另一位是剛升任助理經理的若庭。

安喬專責策略發想與簡報呈現，平時只需參加會議、偶爾出席提案，不必參與實際執行細節。若庭則負責客戶聯絡、預算控制與團隊溝通，常常加班到深夜處理瑣事。雖然同為主管級，但兩人待遇與工作負擔明顯不成比例。

有天，團隊臨時接下了兩個專案，工作排山倒海而來。若庭忍不住向安喬請求：「我實在忙不過來，能不能幫我回覆這幾封簡報修改意見？妳對內容也熟。」安喬一聽就皺起眉頭，語氣冷淡地說：「我只負責創意，不負責溝通，這部分妳自己處理就好。」

接連幾天，若庭疲於奔命、甚至病倒了。主管見狀，臨時將專案重任轉交安喬。她原本以為只是幫忙幾天，沒想到若庭因為過勞請了長假，整個執行細節全落在她身上。她不僅要自己修改簡報，還得跟客戶來回協調，最後甚至還要處理預算爭議與人力排班問題。

某天加班到深夜，她打開若庭留下的工作清單，才發現原來那些看似簡單的工作背後需要花費多少心力。她開始後悔當初沒有願意伸出援手，反而讓彼此的負擔更沉重，也讓整個專案陷入混亂。

合作是職場最重要的素養之一

在合作關係中，如果一方永遠只顧自己本分、拒絕配合他人，就可能在關鍵時刻吞下更大的代價。

每個團隊中都有人負責看得到的工作，也有人默默處理看不見的責任，真正的合作不該是職務分工的冷漠執行，而是彼此願意補位、適時扶持。

你以為的「不關我的事」，可能轉瞬就成了「你的責任」。在職場、在人際關係裡，願意幫別人分擔一點，就是為自己建立更大的支持系統。

選沒人排隊的窗口

剛畢業那年，彥廷與冠宇一起進入同一家科技公司實習。彥廷很快融入團隊，能說會道、與主管熟絡，時常被拉去參加各種高層會議，短短幾個月就獲得眾人矚目；反觀冠宇，個性內向、不擅交際，只默默負責最冷門的維運系統，常常一整天都沒人找他說話。

有天午休，彥廷對冠宇說：「我看你這樣混下去很難轉正欸，不如趁早找其他公司吧。這部門又沒人重視你，幹嘛浪費時間？」冠宇聽了只是笑笑，沒有多說什麼，依舊每天準時進辦公室、穩穩做著分內的事，還自學寫程式工具幫忙改善流程。

一年過後，公司面臨一次資安危機，主系統當機，全體工程師手足無措。就在一片混亂中，平常無人關注的冠宇竟迅速查出問題並修復了故障，原本被認為是「冷門職位」的他，成了全場焦點，連總經理都親自來致謝。短短數週後，冠宇破格升任正式工程師，還受邀進入核心研發團隊。

當年一同實習的彥廷，雖然一直在人群中活躍，但總是轉部門、換團隊，最後選擇離職創業，結果幾年下來一直未見起色。有天兩人在咖啡廳巧遇，彥廷有些感慨地問：「你怎麼那時候選了最沒人想做的事，反而變成公司最搶手的角色？」

冠宇笑著說：「我只是選了沒人在排隊的窗口，服務的人少，反而能讓人記住你。」

別只投資在人多的地方

多數人都習慣將心力投注在「熱門資源」上，無論是追隨風頭正盛的主管，還是爭相參加最有曝光的專案。然而真正聰明的人，懂得投注關注在那些被忽略的「冷門對象」與「低調角色」身上，因為一旦他們時來運轉，那份早期的支持與信任，將成為最深刻的人情。

就像有些同事表面上默默無聞，其實深藏實力，若你能在他尚未發光時就給予肯定與幫助，那份人情將遠比討好當紅人物更有價值。世事無常，今天的邊緣角色，可能就是明日的關鍵人物。

真正有遠見的人，總懂得在冷處留情

冷廟的香不會白燒，人情的帳也不會被遺忘。那些在你落難時伸出的手，在你成功時也會握得最緊。年輕人在職場中應學會不要只圍著光芒走，而是要能看見陰影裡的人才，在他們無人問津時伸出援手，在他們未被世人認可時先給予尊重。

投資朋友不是買賣，不是急著回報的交易，而是一種信念，一種共度低潮的承諾。你看見誰身上有值得相信的價值，就給他一份善意、一份協助，說不定這份關係日後會成為你最珍貴的助力。

所以，從現在開始，別怕走進冷門的位置，別錯過那些還在等待機會的人。

咖啡店裡的那個她

大學剛畢業那年，奕珊應徵進了一家老字號的咖啡館打工。她不愛說話、衣著簡單，看起來就像個默默無聞的打工小妹。那時，店裡有位前輩叫佳明，是店長的心腹，待人傲慢，常在同事面前數落奕珊動作慢、沒效率，甚至對新進員工開玩笑說：「她大概就適合洗杯子吧。」

奕珊從不多說，總是安靜地清洗器皿、練習拉花，有時下班後還偷偷留下來自己磨豆練手感。她曾嘗試與佳明打招呼或請教技巧，卻都被不耐煩地敷衍過去。

幾年過去，奕珊離開咖啡館後，默默開了一家自己的小店，地點雖不在熱鬧街區，卻因獨特風格和手沖技術，很快吸引不少網紅與美食部落客報導。她的店也登上了知名生活雜誌封面，被譽為「最有溫度的咖啡空間」。

某天，一位中年男子來店裡點了一杯手沖耶加雪菲，語氣熟稔地說：「妳還記得我嗎？我是佳明啊！我們以前在那間咖啡館一起上班的。妳這店開得真不錯！最近我也想轉換跑道，不知道能不能來妳這邊幫忙，或者合作點什麼……」

奕珊微笑點頭，語氣溫和：「謝謝你來捧場，真的很懷念那段時光。不過，目前我們店裡人手剛好，也還沒打算合作，真的很抱歉。」

佳明神情一僵，只得尷尬地點頭離開。

別等對方發達，才說「我們是朋友」

人與人之間的關係，從來不該建立在成敗得失之上。在對方低潮時選擇遠離，成功後再來拉關係，這種遲來的熱情，往往只是自打臉。真正值得珍惜的情誼，是在你還沒發光發熱時就看見你、相信你、願意陪你的人。

也許你現在不懂得那個默默努力、不善言詞的人有多堅強；等到她成功了，你才想認回「朋友」的身分，恐怕早已錯過。

人生就像經營一杯咖啡，越早下心、越早釀情，味道才會醇厚深長。與其等對方開出一片天後再說「原來我們是熟人」，不如在還沒人看好他時，先給一杯真誠的問候。

偏愛新星，冷落舊將

一位知名設計公司老闆，經營了十多年，手下有一群忠心耿耿、努力工作的員工。這些人雖然出身平凡，學歷不高，但對公司忠誠、默默耕耘，每回接案都能準時交付，深得老闆信任。

某天，公司獲得一項國際大型企劃，老闆決定招募新血。他特別錄取了幾位來自頂尖名校、曾在國際品牌工作的設計師。這些新人作品精美，語言能力強，也擅長表達，很快在公司掀起一陣旋風。

老闆開始將重點資源與重要客戶全交給這群新進設計師，老員工則被分派較瑣碎的工作。當老員工向他反映期望分擔一些核心專案時，老闆總是笑笑說：「你們就負責穩住基本盤，重點還是要讓新人展現他們的創意。」

時間一久，老員工們心灰意冷，有些人選擇離職，有些人轉向半退休模式，不再積極參與。沒想到三個月後，新人們因理念不合或適應不良，相繼離職，留下幾個專案難以收拾。老闆這才回頭請求老員工回鍋支援，卻只換來一句：「當你把我們放在角落時，我們已經學會不再期待了。」

別為了短暫的驚豔，遺忘長久的耕耘

一個人如何對待身邊老朋友、老部屬，往往才是真正的人品測試。若為了短期利益而過度討好新關係，卻冷落了過去默默付出的人，不僅寒了舊人的心，也讓新人看清你的人情冷暖。

人際之中，最怕的不是離開，而是被取代的感覺。無論是企業經營還是交朋友，請記得：新朋友固然值得珍惜，但老朋友更需要溫暖。因為他們不是看你成功後才靠近，而是願意在你默默無名時陪伴你一起走過。

假幫手的真面目

林先生經營一間倉儲物流公司已有十年。他手下有一批忠心的資深員工，也有些經常流動的臨時工。幾個月前，公司在招募派遣人力時，一位外表老實、態度積極的中年男子陳恩加入了團隊。

陳恩做事勤快，話不多，願意接手別人不願做的粗活。沒多久，他就贏得了主管們的信任。尤其是當一次貨品失竊事件發生時，陳恩主動幫忙盤點、協助調查，還舉報了疑似可疑的臨時工，讓老闆對他另眼相看，甚至開始讓他協助負責夜間值班與貨倉出入管控。

漸漸地，林老闆不再親自巡查貨倉，晚間也完全交由陳恩值守。某天，公司因應旺季囤積大量高價貨品，林先生臨時出差數日，特地交代：「這段時間貨倉就交給你了，你最讓人放心。」

但當他回來時，貨倉已被洗劫一空，監視器線路也遭破壞，陳恩則人間蒸發。警方調查後發現，陳恩其實是專門混入企業內部作案的慣犯，曾以相同手法在多家公司行竊。

林先生看著空蕩蕩的倉庫，自責不已。他原以為自己多年的經驗足以辨人，沒想到竟是被「忠誠掩護下的狡詐」矇騙了。

真假之間，慎防披羊皮的狼

在現實中，我們常會因為對方表現得勤懇、合作，就卸下防備。但最可怕的，從來不是那些對你明著搶奪的敵人，而是潛伏在你信任之內、偽裝成夥伴的破壞者。

管理上、交友上、甚至家庭關係中，真正的智慧不只是分辨敵人，而是看穿偽裝的「朋友」。信任得要經得起時間與小事的考驗。別因為表面的順從而輕易交出核心的信任與資源，否則一旦披著羊皮的狼現出原形，受損的就不只是倉庫，而是你一手建立的根基。

從合作無間到四分五裂

在一間原本氣氛融洽的設計公司裡，有四位實力堅強的創意夥伴，他們共同承接專案、彼此支援，幾年來累積不少好評。這四人分別擅長視覺、文案、企劃與品牌策略，互補得天衣無縫，公司也因他們的合作而名聲大噪。

但有天，新來的部門主管覺得這四人影響太大，無法輕易掌控，便暗中施出手段。他在私下會議中，故意向其中一人透露：「你知道嗎？你那位同事最近常在會議後對你提的點子冷嘲熱諷。」又悄悄對另一人說：「有人建議下次大案子不分給你了，覺得你最近狀況不佳。」

這些話一開始沒引起太大注意，但時間久了，每個人心中漸漸萌生不信任。原本順利的討論開始變得保守，彼此間變得禮貌卻冷淡。合作專案中也不再主動支援對方，反而時常各說各話。當第一個專案因溝通不良而失敗時，他們之間爆發了第一次激烈的爭執。

主管則站在一旁靜靜觀察，表面調解，實則樂見其成。最後四人終於分道揚鑣，各自投身不同部門或離職，原本讓公司引以為傲的創意團隊也因此瓦解。主管順勢重新任命自己人取而代之，穩固了自己的權力。

猜疑就是失敗的開端

信任的崩解往往不是一夕之間，而是被刻意挑撥後的積累與冷漠所致。團隊中最怕的從不是外部競爭，而是內部猜忌。一旦彼此不再交心、不再守望，外來者就能輕易瓦解這原本堅固的陣線。

不論是在工作或生活中，真正的力量來自團結與理解。若任由小小的誤解和懷疑在彼此之間生根發芽，那麼就如同任由敵人從中鑽隙、逐一擊破。唯有珍惜信任、守住默契，才能抵擋那些真正危險的威脅。

欠下的帳，終將清算

寒流來襲，林建凱慌慌張張地在街頭奔逃。他一邊擦著冷汗，一邊不時回頭張望，彷彿身後正有什麼追兵。街上行人稀少，店家也紛紛拉下鐵門，似乎早已知道林建凱惹上了大麻煩。

原來，建凱這些年在生意場上唯利是圖，曾經和許多朋友合夥創業，卻常在公司剛起步時便抽資退出，甚至暗中將客戶資料轉手給競爭對手。他靠著這些手段發了不少橫財，但也因此得罪了不少昔日戰友。

如今投資失利、債主上門，建凱只能四處求援。他第一個想到的是當年一起打拚的老夥伴阿誠，撥了電話過去：「阿誠，我現在真的走投無路了，你能不能借我一筆錢暫時周轉一下？」

電話那頭沉默了一會，淡淡地回道：「建凱，你當年擅自抽資讓我賠了房子，現在我真的幫不上忙。」

建凱苦笑，只好再找第二位老朋友子軒。他猶豫了一下，傳了訊息過去。但沒想到子軒直接已讀不回。

最後，他抱著一絲希望去敲開另一位舊識明耀的辦公室大門，明耀一見到他，立刻臉色大變：「我還記得那次你私下和客戶勾結，把合約搶走的事。我不會再犯第二次錯，請你離開。」

建凱站在冷風中，突然意識到這一切不是天意，而是他當年一筆筆傷人的帳，如今一一來討債了。這城市沒有人要再幫助他，不是因為他失敗了，而是因為他早就把自己的信用敗光了。

誠信，是最長遠的資產

一個人在社會行走，真正能帶來長久支持的，從不是手段或機巧，而是誠信與善待他人的態度。得罪一人，可能無礙；但一路踩著他人往上爬，失勢之時，也將無處立足。人情不是提款機，它是經營來的情感資本。一旦用盡，落難之時也將無人再肯接住你。

種下善因，自有善果；種下惡行，結局難逃清算。這不是報應，而是人與人之間最直接的因果。

交換的善意，對等才有意義

網紅廚師艾莉以創意料理著稱，經常在社群平臺分享自製美食。她的朋友凱倫則是知名甜點師，兩人平時雖有來往，但並未深交。

有天，艾莉主動邀請凱倫來家裡吃晚餐。「這次我會煮一道最近很夯的火山起司牛排，妳一定會愛上它！」凱倫滿心期待地赴約，準時來到她的料理工作室。

菜端上來時，凱倫發現那道「牛排」其實只是一小塊冷凍微波肉，再加幾片融化起司，份量少得可憐，完全不是照片上那樣誇張誘人。她客氣地笑笑，卻連三分飽都不到，而艾莉卻開心地拍著限時動態、自拍說：「今晚我請朋友吃超狂牛排喔！」

凱倫覺得被利用當成直播素材，心裡不是滋味，雖未發作，卻默默在心中記了一筆。

幾週後，凱倫也邀請艾莉來參加甜點下午茶會。這次她特地製作了三款精緻甜點，放在透明盒中。艾莉一到現場，開心地想大快朵頤，卻被告知：「這三道甜點都是展示品，只有拍照用的，真品在廚房冷藏，今晚我招待的，就是外頭那瓶低糖優格飲。」艾莉傻眼，整場只拍到甜點卻沒吃到一口。

誠意不是秀，是回應彼此的真心

真正的待客之道，不是拿對方當工具或觀眾，而是設身處地為對方著想。你若誠意十足，別人自會回報好感；你若只圖炫耀虛榮，最終也會被同樣的方式對待。關係的經營，就如同邀請吃飯的形式，不只是擺設，更講究心意是否對等、是否真誠。想獲得別人的善待，先思考你給出的是否也是一份真正的心。

請給我寧靜，不是關心過度

珍是一位上班族，最近連續幾天加班到深夜，精神幾乎崩潰。某個週六，她終於能睡個好覺，便在社群上發了一句：「這個週末，誰都別吵我，我只想好好補眠。」

室友妮可看見了訊息後，心想：「她一定太累了，我要讓她感受到被關心。」於是，當珍剛躺進被窩時，妮可輕輕敲門：「我幫妳熬了點熱牛奶，助眠喔！」

珍揉著眼睛說：「謝謝妳……可是我真的只想睡覺。」

「那我放在門口，等一下再喝也可以。對了，要不要開個加溼器？空氣太乾會睡不好。」妮可又進來問。

珍語氣有些疲憊地回應：「嗯……不用了，謝謝妳……我真的只想休息。」

妮可皺眉：「還是我放點薰衣草精油？妳不是說那對妳有幫助？」

「我真的……只想睡。」珍幾乎已經閉上了眼。

沒過五分鐘，妮可又推門進來：「咦？妳房間窗簾是不是沒拉好？我幫妳……」

這時珍終於坐起身，頭髮蓬亂、眼神死寂，強忍怒火地說：「妮可，我真的、真的只想安靜地睡一覺，可以讓我一個人靜靜地休息嗎？」

妮可愣住了，啞口無言。

善意若過頭，也是一種打擾

有時候，別人要的並不是幫助或服務，而是安靜和尊重。太多的關心若無視對方真實的需求，最終只會變成一種負擔。真正在乎的人，應該先學會「聽懂」對方想要的是什麼，而不是一味地滿足自己「做好人」的欲望。善意從來不在多，而在剛剛好。

責任不該由別人承擔

有一天，海倫的老同學艾德找上她，說自己近半年過得一團糟，失業、酗酒、花錢無度、情緒暴躁，連家人都快不想管他了。

海倫曾多次耐心勸他：「你該振作起來，可以先找一份臨時工，或去參加輔導課程。」但每次談完，艾德總是搖頭敷衍，然後繼續沉溺在自己的自我放逐中。

某次聚會結束後，海倫無奈地將這件事告訴她的媽媽，問道：「我該怎麼辦？再不幫他，他會徹底垮掉；可是我已經快撐不住了……」

媽媽聽完，靜靜問她：「妳知道嗎？如果有人掉進河裡，但還躺在漂浮的木板上睡著了，妳會怎麼做？」

「當然是跳下去把他拉上來啊！」

媽媽搖頭笑說：「那是最累的方法，而且不一定有效。他會掙扎、會抱怨、甚至還會拉妳一起沉。妳真正需要做的，是大聲喊他，搖醒他。如果他醒了，自然會自己抓住救命繩；如果他不醒，那也是他的選擇。」

這番話讓海倫豁然開朗。

從那天起，她不再把艾德的人生當成自己的責任，只在適當時刻給予提醒與鼓勵，至於要不要站起來走，是艾德自己的選擇。後來，艾德在某次發酒瘋被警方警告後，終於醒悟，自願戒酒並找回了工作，這才真正跨出了自己的第一步。

助人不是接手，而是喚醒

真正的幫助不是扛起別人的人生，而是在對方還願意聽見的時候，搖醒他一下。你不必背負所有人的失控與沉淪，因為每個人終將為自己負責。幫助的界線不該模糊，否則只會害了對方，也拖垮自己。真正的轉機，不來自你的勉強，而來自他的清醒。

感冒藥成了友情開場白

某個冬夜，診所打烊後，藥劑師小李準備打烊回家。這時，門口闖進一位臉戴口罩、神情緊張的男子。他一手插在口袋裡，走到櫃檯前，用低沉的聲音說：「我要最強效的感冒藥，越快見效越好。」

小李看了他一眼，回道：「你聲音沙啞、眼睛紅，看來是真的病得不輕。我今天也重感冒，鼻水都還沒止住。」

男子微微一愣：「你也是感冒？我以為只有我這麼慘。」

「別提了，從昨晚燒到現在，一邊上班一邊吞藥。」

男子忽然笑了：「我也一樣，辦公室同事都躲著我，還以為我要變喪屍了。」

兩人越聊越起勁，從感冒症狀聊到老家的偏方，又聊到誰最怕打針。男子脫下口罩，說：「其實我不是故意裝神祕啦，我只是……太久沒人講話了。前陣子剛離職，心情低落，又感冒，好像整個人被全世界遺忘。」

小李聽完，遞上一杯溫水和藥袋：「沒事啦，至少今晚你有個藥劑師陪你哈啦幾句。」

男子苦笑：「不然你下班後要不要一起喝個熱湯？我請客，就當認識一個病友。」

小李點頭：「好啊，反正我也需要一碗湯，暖一下這顆病到麻木的心。」

共感，是最真實的連結起點

人與人之間最容易產生連結的，往往不是長久的交情，而是某個微小的共同經驗。「你也這樣？我也是！」這句話遠比千言萬語來得更有力量。能讓陌生人卸下戒備的，往往不是語言技巧，而是感同身受的真實互動。在這個世界裡，若能有人懂你哪怕只是一點點，那份理解，也足以讓人重新感覺溫暖。

不願吃虧的選擇

艾莉與凱文是兩位表現優異的年輕建築師，因為理念相近而成為了職場上的好搭檔。兩人一起爭取大型案子、分享靈感與設計心得，也相約未來能共同開一家屬於自己的建築工作室。這樣的夥伴關係持續了三年，直到公司宣布要從團隊中選出一人升任主管，並獲得額外的預算與資源獨立執行新專案。

主管表示，兩人中先做出選擇的人，可以提出自己想要的條件與方向，另一人則會自動獲得「相同條件的兩倍資源」。也就是說，若艾莉先提「我要一個團隊與五十萬預算」，那凱文將會自動獲得兩個團隊與一百萬預算；反之亦然。

艾莉與凱文面面相覷，一開始彼此謙讓：「你先說吧！你比較有經驗」、「不，這案子是你先發想的，你先來」—— 語氣雖溫和，眼神中卻已有警戒。兩人知道，一旦自己先開口，等同於自願放棄更多。客氣的推辭漸漸變調，演變成焦躁與猜疑：「你是不是早就想自己拿走主管位子？」、「你才是吧，我們不是說好一起做決定的？」

僵持半天後，凱文忍不住冷笑：「既然你這麼不願意讓我，我就成全你。」他走向主管說：「我選擇只要一間老舊辦公室，與半杯水。」

主管愣住：「你確定嗎？」

凱文堅定地點頭。結果，艾莉依約得到了兩間老舊辦公室與一杯水。這個看似無害的安排，卻讓兩人從此各自分道揚鑣，連基本溝通都變得困難。

嫉妒讓選擇變質，讓關係變空

原本是共享榮耀的夥伴，卻在一場不願吃虧的選擇中，瓦解了關係。凱文寧願少拿，也不想讓對方多得，最終害人也害己。這場「先許願」的比拚，暴露了人心深處的貪婪與嫉妒。當你因為不甘別人多得一點，而寧願自己少得一半，這不再是公平，而是自毀。

合作關係最忌諱心中暗藏算計，最珍貴的是能在選擇中保有善意。嫉妒與不甘只會讓人在人際中輸掉真正重要的東西。願我們都學會：成功不是來自「比別人多得」，而是懂得與人一起擁有。

破局的三人小組

三位研究所的學生，組成一個團隊準備參加一場全國創新競賽。比賽獎金豐厚，且得獎作品將獲得校方資助轉化為實際產品。為了展現團隊精神，他們約定每個人負責一部分，並承諾：無論過程中誰的貢獻多或少，成就一律共享，誰都不可以中途「搶功」。

比賽期間，他們經常加班到深夜，腦力激盪、資料蒐集、設計產品原型，一切看似合作無間。但越接近決賽，氣氛卻逐漸變得微妙起來。

小宇是負責撰寫簡報與提案文案的人，他發現整個作品亮點集中在他主導的那一段，於是暗自想：「這主意其實是我提的，為什麼要平分功勞？不如我另外報一組，單飛參賽。」於是，他複製了整套設計的文案與構想，私下登記為個人組，想以此獨占光環。

小惠是主導模型製作的人，發現資料部分有被外流的跡象，懷疑是有人打算脫隊搶功，她憤而中止製作，準備重組模型另作提交，不想被「搭便車」。

另一位成員小明本想繼續修補大家的信任，卻發現資料庫被刪改，草圖被另存為他人名義，最後他也動了心思：「大家都這樣了，我還堅持什麼公平？倒不如把設計先送給外系朋友，至少保得住成果。」

比賽當天，三人皆未能如期提交完整作品，計畫四分五裂，各自為政，結果全數落選。更諷刺的是，原本那份集體智慧的作品，被一組風格極其類似的參賽隊伍贏得冠軍，據說那組是某位系上學長協助改編提交的。

三人錯愕又懊悔，彼此指責、關係決裂，失去的不只是比賽，更是一段原本值得珍惜的合作情誼。

唯有共享，才能共贏

當利益當前，若每個人都只想「自己先贏」，最終只會導致「大家都輸」。原本三人齊心協力，只要信守承諾，共享成果，不僅能獲得實質回報，更可能打造出更長遠的夥伴關係。然而，一旦自私的算計占了上風，整個團隊的努力就會付諸流水。

在合作中，不必時刻提防誰多得一點，重要的是大家是否能一起達成目標。能與人共享的人，才有資格真正擁有成果。若總想著一人獨享，最終可能只剩下一場空。

過度要求，便是貪婪的開端

在捷運的早晨高峰時段，一位老年男子拖著疲憊的步伐上了車。他一邊低頭滑手機，一邊尋找座位。車廂裡早已人滿為患，唯獨在角落，一位年輕女孩坐在博愛座上，身旁放著一個厚重的素描板與畫具包。

男子走過去，語氣不太客氣地說：「妳坐這個座位，難道不覺得該讓給我嗎？」

女孩微微一愣，連忙站起身：「對不起，請坐。」

男子立刻坐了下來，但似乎還不滿意，又補了一句：「年輕人不懂事，就不該坐博愛座。」

女孩沉默不語，將畫具抱在懷中。到了下一站，車廂再次擠滿了人。男子撇見隔壁座位空了下來，便立刻挪過去。原本站著的女孩剛好要坐下，男子卻又伸手阻擋：「妳還是站著吧，這位子不適合你。」

車內的乘客們開始小聲討論，有人不平地說：「她剛剛已經讓座過了，幹嘛還要刁難人家？」但男子卻一副理所當然的樣子，彷彿這些座位都是他應得的。

隔著兩三站的時間，男子繼續對站著的女孩指手畫腳，說她不懂尊重長者、不會做人。最終，一位老婦人聽不下去，站出來說：「年輕人讓座是情分，不是義務。你享了方便，還得寸進尺，未免太不知足了。」

男子臉色一沉，撇過頭去不再說話。女孩微微一笑，回頭看著那位老婦人輕輕鞠了一躬，然後站穩了腳步。

不該讓步的地方，不要輕易妥協

在人際互動中，善意原是值得鼓勵的，但若對方一再以自我為中心，不懂分寸，那麼每一次退讓，其實都是對無理的助長。像那位男子，就是現代生活中常見的「文明外衣下的貪婪者」，看似在爭取權益，實則是習慣性索求，甚至踐踏別人的尊重。

年輕人要學會分辨：什麼時候該給予、什麼時候該堅守。否則一旦習慣讓步，就會在無聲無息間，被趕出自己的界線。學會劃界、立場清晰，不僅是對自己的保護，更是對社會互信的一種維繫。

勿恩將仇報

一隻年輕的狐狸，誤闖進一座養蜂人的果園。牠躡手躡腳地在果樹之間穿梭，企圖尋找熟透的果實來果腹，卻被巡邏的牧羊犬發現。狐狸轉身狂奔，跳過果籬，鑽進附近一座廢棄的工具屋裡。

屋裡陰暗潮溼，堆滿了舊耙子和鏽鐵桶。狐狸屏住呼吸，一動也不敢動。片刻後，狗吠聲逐漸遠去，牠才稍稍鬆了口氣。這時，一隻老貓從牆角跳出來，冷眼看著狐狸說：「這裡是我棲身之地，你擅闖何意？」

狐狸連忙道歉，說明自己遭追捕不得已才躲進來，並懇求老貓給牠一晚的庇護。老貓不置可否，但也未驅趕，默默走到角落繼續理毛。

第二天早晨，狐狸醒來覺得肚子極餓，屋裡什麼吃的都沒有。忽然牠瞥見老貓在舔爪，毛髮潔白柔軟，忽然動了歪念：「貓的肉質或許比野兔還嫩吧……既然牠年老力弱，何不一試？」

就在老貓回頭時，狐狸猛撲上前。然而，老貓早已警覺，在千鈞一髮之際跳上橫梁，大叫一聲。此聲驚動了養蜂人的兒子，他從屋後繞來，一見狐狸便朝牠扔出石頭，正好擊中狐狸的腿，牠掙扎幾下便倒在地上。老貓跳下來，冷冷地看著狐狸說：「給了你避風港，你卻企圖殺我。這下，你終於知道什麼叫自取滅亡。」

懂得感恩，才配得到援手

狐狸的結局，並非因為牠闖入屋內，而是因為牠在受惠後起了惡念。生活中，有人對我們伸出援手，我們卻在暫時脫困後忘記對方的好意，甚至還試圖從中牟利。這種忘恩負義，不只會讓我們失去信任，還會為自己招來不可挽回的代價。

人與人之間最珍貴的，不只是援手本身，而是那份信任與真心。要記得，被善意庇護的人，更應以感恩之心回報，而非像狐狸一樣，背叛了救命之恩，最終毀在自己手裡。

不該太快下定論

一位年輕攝影師小孫剛進入一家知名廣告公司工作。初來乍到，他總是在一旁默默觀察學習。某日，公司接下了一個重要品牌的形象拍攝案，由資深創意總監親自領軍，小孫則被安排擔任助理。

當天，拍攝現場繁忙緊湊，小孫從頭到尾低調協助搬器材、控燈、協調場務。拍攝進行到一半時，一位重要的藝人突然提前抵達現場，現場頓時有些混亂。就在眾人慌亂時，小孫快步走向休息區，拿起手機似乎在打電話。創意總監遠遠看見，臉色一沉，心中暗自不悅：「這種時候還在摸魚講電話？」

等到拍攝結束後，總監私下對人抱怨：「這小子不夠穩重，連這種大場面都不專心，可能撐不久。」

沒想到，隔天早上，品牌方的主管特地來電致謝：「昨天若不是你們團隊及時協助，我們藝人的臨時通告真的會全亂套。特別是那位年輕的助理，他主動聯絡車隊，還幫忙重新安排藝人的動線，我們真是太感謝了。」

總監聽得一愣，才知道原來小孫當時並不是「摸魚講電話」，而是在用自己的方法默默解決突發問題。他主動聯絡、調度資源，避免了一場可能釀成公關災難的混亂。那一通他原以為「多餘」的電話，其實是整場危機的關鍵轉折點。

看人不能只看一眼，理解不能只靠直覺

這件事讓總監頓悟，有些人表面沉默寡言、不愛表現，不代表他們沒有能力或擔當；而有些看起來光鮮亮麗、口才便給的人，也未必真的可靠。眼見不一定為實，判斷一個人若僅憑一時一刻的觀察，往往會錯過真正值得信任的人。

年輕人在人際互動或職場相處中，常常因為一點表象就對他人下結論，甚至貼上標籤。然而，真正的理解，是建立在時間與同理之上的。如果缺乏耐心，便很容易誤會他人，也會因此錯失重要的夥伴。所以，別急著下判斷，也別讓自己的成見，限制了對他人的理解與信任。

第五章

愛情的溫度

自信是最好的法寶

大學開學不久，表演藝術系的迎新晚會正如火如荼地籌備中。這場晚會是系上新生與學長姊互動的第一場正式活動，也是每年戀情火花四起的「傳統場合」。大一新生小賀默默關注著同班的書法女孩筱恩，她安靜溫婉，總讓人忍不住多看兩眼。

但小賀卻始終不敢上前搭話。他總覺得自己沒什麼特色，也不會表演，怎麼可能贏得筱恩的注意？有一天，室友老魯鼓勵他：「有時不是誰有才華，而是誰敢邁出那一步。」

小賀半信半疑，但那天晚會上，他破天荒地主動報名上臺表演，準備的是一段笨拙但真誠的脫口秀。他邊講邊緊張，手心冒汗，但全場卻意外笑聲連連。就在他下臺的時候，他看見筱恩坐在第一排，對他微笑著點了點頭。

從那天起，小賀的心態整個轉變了。他開始更自在地與人互動，也更有勇氣追求自己想要的事物。後來他鼓起勇氣邀筱恩一起參加舞臺劇工作坊，沒想到筱恩早已注意到他一段時間。兩人從合作開始互相了解，感情也逐漸升溫。

某次閒聊時，筱恩對他說：「我早就知道你是個很真誠的人。雖然你不是最耀眼，卻總是很努力。」

自我暗示，是啟動行動的鑰匙

在人生的舞臺上，每個人都曾經自我懷疑過。然而，真正決定你是否能夠前進的，不是環境，不是資源，而是你是否相信自己能夠跨出第一步。許多人以為成功來自於技巧、外貌、天分，其實更多時候，是來自於一種信念：「我值得」、「我可以」。這樣的信念不過是一句話，但它能像星星之火，點燃你的勇氣。

不是不相愛，而是太不同

大學時期，哲瑩在一場社團活動中，認識了來自外文系的齊謙。他談吐風趣、舉止紳士，與她平日接觸的理工男截然不同。兩人來自迥異的背景：哲瑩父母是菜市場小販，家教嚴格，生活節儉；齊謙則出生在書香世家，從小在古典樂與紅酒香中長大。儘管如此，他們一拍即合，很快就成為人人稱羨的一對。

畢業後，他們各自進入不同領域工作，開始談婚論嫁。哲瑩滿心期待能成為齊謙生活的一部分，但當她第一次正式拜訪齊謙的家庭時，才發現自己和對方的世界，有著無法忽視的鴻溝。

哲瑩慣於在夜市尋找美食，說話直率、笑聲爽朗；而齊謙的家中總是放著舒伯特的樂章，吃飯前要先欣賞紅酒的年分與口感，談吐溫文爾雅，講究生活品味。哲瑩覺得自己怎麼做都不夠好，說話得小心翼翼，連拿筷子的位置都被指正；而齊謙的母親則在私下對兒子表示：「她是個好女孩，但她不適合我們家。」

兩人努力試圖彌合差異，但不管是金錢觀念、休閒選擇，甚至對未來的想像都漸行漸遠。曾經的心動與愛意，在日常的差異與溝通摩擦中逐漸被磨淡了。

感情之外，還有現實的輪廓

兩年後，他們和平分手，沒有責怪彼此。齊謙在訊息裡寫道：「不是不愛了，只是我們太不一樣。」這句話讓哲瑩釋懷，也更理解，原來再強烈的愛情，若少了理解、相容與共識，終究難以走遠。

愛情中，兩個人是否相愛是基礎，但能否相處才是關鍵。背景、價值觀、生活習慣，這些看似瑣碎卻真實的條件，往往決定了一段感情的未來。年輕人談戀愛可以只看感覺，但婚姻，不能只靠愛的衝動。

門當戶對不是迷信，而是關於彼此是否走在相似的頻率上。如果不是，就得有雙方都願意調頻的勇氣與耐性。否則，就算愛過，也可能只能在時間裡成為過客。

拴住心的從來不是繩

有對年輕夫妻，男的名叫阿寬，是個放牧人；女的叫阿敏，溫柔勤快。他們養了幾十隻山羊，過著簡單踏實的生活。

村裡人都說阿寬運氣好，娶到一位持家又賢慧的好太太。但熟悉他們的鄰居卻知道，阿敏其實不是那種會輕易被留住的人。阿寬一度感到不安。

有天深夜，阿敏悄悄收拾好行李，打算離開這座山村。就在她輕輕拉開門的時候，卻聽見阿寬在木屋外小聲地哼著歌，手裡還端著一碗她最愛的薑湯。他說：「晚上冷，我怕妳肚子痛。」

阿敏默默放下行李，輕聲說：「我原以為自己想去遠方，其實，我只是想看看你會不會捨不得。」

隔天，阿敏依舊在廚房煮粥，餵雞洗衣，像昨晚什麼都沒發生過。但從那天起，她更用心地陪著阿寬放羊，也開始學著做起羊乳起司，要讓這些日子變得更有價值。

有個新來的放羊學徒不解地問阿敏：「妳為什麼從來不怕牽不住這些羊？牠們一放就亂跑啊！」阿敏笑笑地說：「怕牠跑掉的，通常靠的是繩子；不怕牠走的，是因為牠知道這裡有人餵牠、照顧牠。牠要的是感覺安心，不是繩索的束縛。」

感情裡最強的鎖，是心甘情願的依賴

在一段關係裡，真正能維繫彼此的，不是名分、不是責任，更不是孩子或契約，而是彼此之間的珍惜與回應。有人想靠名牌包、燭光晚餐、甜言蜜語留住愛人，有人想靠孩子、婚書或法律綁住對方的去路，但其實，一句「我懂你辛苦」、一個熱湯暖胃的晚上，更能喚回那想要離開的心。

阿敏沒有被留下，她是選擇留下。因為阿寬不靠承諾，而是用無數生活裡的小事，餵養了她對家的情感。

年輕人若問：什麼能留住一顆愛的心？請記得這句話——拴住心的，從來不是麻繩，是你是否願意真心給出溫柔與照顧。

太多的愛是一種限制

退休夫婦林伯與阿華，在森林湖畔的小木屋裡過著自給自足的生活。林伯原是林務員，阿華則擅長手工藝與烘焙。他們每天釣魚、砍柴、養貓，生活樸實寧靜。冬天雖冷，爐火裡的柴聲卻讓他們感覺到溫暖。

某年秋季，一群鴛鴦從北方飛來，在他們屋前的湖上停棲幾日。阿華興奮極了，每天烤些玉米與麵包餵牠們。林伯則細心地搭起小平臺，讓鴛鴦能休息。原本只打算暫歇幾天的鴛鴦，

竟因此停了下來。林伯與阿華成了牠們的守護者，每天餵食、照料、驅趕野貓，不讓牠們受一絲驚嚇。

到了冬季，湖面結冰，野外幾無食物，這對夫婦乾脆打開客廳，鋪上報紙與稻草，讓鴛鴦們進屋過夜，甚至還溫好水幫牠們洗腳。原本應該早早南遷的鴛鴦，卻一隻也沒離開，反而更加依賴林伯夫婦的餵養。

春天來臨，鴛鴦們沒再飛走。這樣的冬天過了三年。直到有一年，林伯不幸過世，阿華身體也病倒，兒女接她下山養病，那個湖畔再無人煙。而那年的寒冬，鴛鴦依舊停留在原地，湖面結凍，食物斷絕，沒幾週，全數凍死在曾經棲息的小木屋旁。

愛的邊界，是讓對方學會自立

林伯與阿華的愛原是無私，卻讓那些原本會遷徙避寒的鴛鴦，失去了生存的本能與意志。當年他們無微不至地呵護，是出於好意，卻也讓鴛鴦從此停留於一個錯誤的選擇中。這不是殘忍，而是一種過度溫柔造成的傷害。

在感情裡，我們常以為全心全意地照顧對方就是愛，卻忽略了：讓對方保有自我選擇的自由，才是最深沉的愛。過度的保護只會削弱對方面對未來的能力，等到你不在身邊，那份愛就會變成災難。

年輕人請記得，真正的愛不是困住，而是放手之後，對方依然能飛翔。你可以餵一頓飯，給一晚溫暖，但千萬別讓他忘了自己也有翅膀。拴得太緊的關懷，不是幸福，而是讓人無法逃脫的籠子。

只找合適的，不等完美的

克莉絲汀是一位在紐約任職時尚媒體的女性，從大學時期開始，她便列下一張理想伴侶清單：外型要帥氣，身材要剛剛好；談吐要有深度但不會裝腔作勢；性格得體，能帶她見世面，也懂得體貼她的情緒；當然，家庭背景不能太差，經濟條件最好要優渥，這樣未來才有保障。

二十五歲時，她有過幾段短暫的戀情，但總覺得對方「差一點」，要麼事業還在起步階段、要麼太過內向沉默；有的則外表不錯，但家庭背景與她期待的相差甚遠。她常說：「我知道自己要什麼，不需要將就。」每當身邊朋友問她：「你覺得他不錯，為什麼不試著相處看看？」她總會笑著搖頭說：「他不符合我的理想條件。」

三十五歲那年，克莉絲汀仍舊單身，生活依舊精緻，朋友也不斷介紹優質男性給她。但她依然找得到每個人身上的「小瑕疵」，有的口音不夠「標準」，有的對時尚沒興趣，有的過度節儉，不夠大方。直到有一天，一位她曾經拒絕的朋友訂婚了，她竟在派對後悄悄掉淚。

「我當年只覺得他太安靜、太溫吞，但其實他對我很好。」她在與好友的談話中感嘆。四十歲生日那天，她自嘲地說：「我以為我在挑選鑽石，但原來我一直在等待一顆完美的星星。」

人生伴侶不是收藏品，而是一起走下去的人

擇偶是一門既理性又感性的功課。我們都希望能擁有最理想的那一位，但世上沒有百分之百符合幻想的人。我們可以有所標準，但若是太執著於完美，往往會錯過許多「足夠好」且真心對待我們的人。

每個人都帶著些許缺點與不完整，就如同我們自己也不盡完美。尋找伴侶，應該像找一雙穿起來剛剛好的鞋，而不是只挑櫃子上看起來最閃亮的一雙。幸福的基礎，不是對方完不完美，而是彼此能否接受不完美，並一起走得久、走得穩。

年輕人啊，請別被過多幻想矇住了眼，最終的幸福，不是來自那個最閃耀的人，而是來自那個在你低潮時依然不離不棄的人。選擇一個能理解你、陪伴你的人，才是愛情裡最珍貴的完美。

誠信比誓言更重要

在一間咖啡廳裡，蘇菲看著窗外發呆。這是她與凱開交往的第三年，卻也是他消失後的第九十九天。她手機裡還保留著他傳來的最後一句訊息：「等我忙完這段，我們就訂下婚期。」

但這段「忙完」好像成了無限期的等待。

當初認識凱開時，他熱情體貼、談吐不凡，讓蘇菲感覺像是命中注定的那個人。她還記得他曾在一次雨夜中為她撐傘，然後信誓旦旦地說：「我會一直保護妳，不讓妳受一點點委屈。」

交往初期，凱開總是主動安排約會，帶她去夢想過的旅行地點。對她的朋友與家人也十分客氣，那時的他看起來簡直完美無缺。然而，時間一久，她發現他說的話與做的事越來越對不上。他說要存錢買房，卻在網路上頻頻炫耀高級球鞋；他答應陪她參加家族聚會，卻臨時總有理由推脫。

蘇菲一開始選擇相信。她告訴自己：「他只是暫時忙，不代表他不在乎。」直到有天，她無意間看到凱開與其他女子出現在社群媒體上，對方的貼文寫著：「這是我們的第三次旅行，每次都像初戀一樣。」

真正的承諾，是被行動證明的

蘇菲回想起他曾經對自己說過的所有動人話語，那些甜蜜如今都成了傷害。她終於明白，當初她之所以相信凱開，是因為那些說出口的誓言，而不是他的實際行為。她錯把一個會說話的男人，當成一個可靠的伴侶。

愛情裡，最動聽的情話，並不等於最可靠的承諾。人們在熱戀時，常常被對方的表達吸引，卻忽略了對方是否真的把話變成了行動。許下承諾容易，難的是履行。

戀愛中的年輕人，若要確認一段關係是否值得長久信賴，不妨放下對浪漫詞句的依賴，轉而觀察對方如何對待承諾與責任。那些能夠默默做事、守信如初的人，往往比語言華麗者更值得依靠。

不要為了一句甜言而忘了自己該有的判斷。愛情若缺乏誠信，即便說得再動聽，也終將虛幻一場。真正的誓言，是一天又一天的堅持，是在平凡生活中持續對你負責的人。選擇愛情，記得多看「他做了什麼」，少聽「他說了什麼」。

遠離甜蜜的陷阱

在一座古老的溫室花園中，種著一株極為美麗的金鈴藤。這種藤蔓的花朵光彩奪目，香氣濃郁，只要靠近它，便會聞到一股令人陶醉的香氣，彷彿有一種無形的魔力，能讓一切靠近它的植物都放下戒心。

有一天，一株剛移進花園的年輕檜樹站在角落，昂首挺立。它初來乍到，心中對周圍的一切都感到新奇又不安。這時，金鈴藤悄悄地朝它靠近，纏上檜樹的下枝，輕聲細語地說：「你真高大，連陽光都愛著你。我從沒見過這麼挺拔又俊俏的樹木。」

檜樹害羞地笑了笑，沒多說什麼。金鈴藤見狀，更加熱切地纏繞過來，語氣柔得幾乎化成水：「這花園裡的植物都太普通了，只有你讓我心動。我想天天倚靠著你。」於是，檜樹便默許了它的攀附。

幾週後，金鈴藤蔓延得越來越快，幾乎把整棵檜樹都包圍了。起初，檜樹感受到被需要的溫暖，覺得多了個伴並不壞。可沒過多久，它的葉片開始變黃，枝條失去了彈性。原來，金鈴藤為了獨占陽光，將自己鋪滿了檜樹的每一寸，連根部的養分都一點點吸走。

當園丁發現時，檜樹已經病得不輕，而金鈴藤則開著滿滿的花朵，宛如什麼事也沒發生。那晚，園丁剪掉了金鈴藤，留下半枯的檜樹在風中搖晃。

這不是花園裡第一次出現這樣的事，之前有棵杏樹也是這樣，因為聽信了金鈴藤的讚美，最終失去了生機。

面對誘惑，最需要的是自知與定力

甜言蜜語從來不缺，但真正值得信任的關係，從來不靠一時的討好來建立。就像那纏繞樹身的藤，不是因為真心相惜，而是為了吸取養分、自肥其身。

現代社會中，不論是男性或女性，都可能面臨類似的誘惑與算計。那些過度讚美、快速靠近、處處迎合的人，未必是真心實意，而可能別有所圖。當你被捧上雲端的那一刻，正是對方尋找弱點的開始。

真正的愛是彼此滋養，而非單方面汲取。能讓你成長的關係，一定是平衡、互重、有距離感的。年輕人若總是迷失在美麗的語言與虛假的親近中，遲早會像檜樹一樣，等到自己意識到問題時，早已元氣大傷。

與其沉醉於他人給的掌聲，不如練好根基、穩住心志。因為一旦你有了判斷力，就不會輕易被金鈴藤那樣的甜蜜陷阱勒住生命。

不只是那只碗

有位女子在辦理離婚時，朋友百思不得其解，問她：「妳們結婚七年了，從沒聽過妳們吵架，怎麼會突然要分開？」

她輕聲說：「因為他每天都讓我坐靠近廚房的那張椅子。」

這句話乍聽之下似乎微不足道，但她的神情卻認真得讓人無法忽視。

他們的餐桌不大，僅容兩人對坐。靠近窗邊的是陽光灑進來的角度，另一邊則緊鄰廚房，每次吃飯時總要小心避開灶臺的熱氣與味道。女子說，結婚初期她總是主動坐在那張椅子，因為方便幫他添菜。但時間久了，她也開始期待對方會心疼她、說一聲「今天換我坐那裡吧」，或哪怕只是挪一挪位置、表達一點點關懷。

然而七年來，那句話從未出現。他每天理所當然地坐在窗邊，從不問她是否習慣那個位置。這些年來，她幫他補鈕扣、記住他重要的會議日、熬夜照顧孩子還不忘準備他的早餐，而他從沒想過她也會疲累、也需要被照顧。

她說，那張椅子，不只是椅子，它代表的是「被視為理所當然」的日子，是那些無聲裡積累的忽略。

一塊熱毛巾，勝過一百句我愛你

另一對夫妻卻在三十年婚姻裡，過著簡單卻堅固的生活。丈夫每天早晨幫妻子把毛巾加熱後才遞給她洗臉，下雨天先把傘撐好再叫她出門，吃飯時總讓她挑位置，自己隨意就坐。有人問他祕訣是什麼，他笑說：「我不懂大道理，只知道她在意什麼，就記著，久了，她就一直笑著留在我身邊。」

有些人擅長說動聽的情話，卻在生活的細節裡百般粗心。有些人話不多，但會默默做那些微不足道的事，只為讓你多一點舒服。

情感不在語言，而藏在每天的選擇裡

對女人而言，她要的從來不只是金錢與承諾，而是感受到「我被在乎」的那一刻。不論是用破碗盛飯，還是總讓她坐在不舒服的位置，表面看是習慣，實際上卻是一種「我對妳的感受無所謂」的訊號。

關係最怕的，不是爭吵，而是無聲地失望，一點一滴耗盡愛的溫度。當你總認為「這只是小事」時，或許對方已經開始懷疑自己在你心中的位置。

請記得，情感中的許多崩潰，並不是從大事開始的，而是從每天那些你選擇忽略的細節開始的。別讓一張椅子、一只碗、一句沒說出口的關心，成為愛的絆腳石。

魅力的持續之道

琳達是知名公關公司的一名企劃，她外型亮眼、氣質優雅，追求者絡繹不絕，甚至包括許多已婚的男士。她曾私下對

好友說過一句話：「讓人動心不難，難的是讓對方一直對妳動心。」她不否認自己在戀愛裡很在意「吸引力」這件事。她也發現，剛開始與男友阿傑交往時，對方總是熱情如火，但交往久了，他就開始不如以往那樣主動，甚至會在手機上滑過一些陌生女孩的社群頁面，目光閃爍。

這讓琳達感到困惑：她沒有變，她還是那個溫柔、理解、外型得體的女孩，那為什麼阿傑卻不像從前一樣投入了？

琳達開始反思，她發現一件事：自己在戀愛中太快地交出了所有，包括時間、情感，甚至原本屬於自己的空間。她的生活逐漸繞著阿傑轉，從日常穿搭到飲食口味，甚至連興趣也開始配合對方，原本喜歡的瑜珈課、閱讀習慣，全都擱置一旁。她以為這樣是「融入與貼近」，但阿傑卻開始把她當成理所當然，對她的用心視若無睹。

某次公司聚會中，琳達故意選了一件從未穿過的洋裝，剪了新髮型，也沒有主動通知阿傑。當他在現場看到耳目一新的她時，明顯愣了一下，那一刻，琳達才真正明白：「失去距離感與自我，才是讓愛變淡的開始。」

變化與保留，才是吸引力的根源

婚姻與愛情的本質，是兩個不斷了解彼此的過程，而不是一個人變成另一個人的附屬品。心理研究早已指出：當相同的刺激反覆出現時，大腦的反應會遞減，這是一種生理性適應反應，也就是俗稱的「習慣化」。對許多男性而言，這也是為何戀愛熱度往往在交往一段時間後下降的原因之一。

與其抱怨對方不如從前，不如讓自己重新成為值得探索的對象。保持神祕感不代表刻意隱瞞，而是在關係中保有屬於自己的一塊天地，一份不需要透過對方認可來證明存在價值的自信與光芒。

別讓愛情變成重播的劇情

真正持久的吸引力，不是靠顏值與妝容，而是來自不斷精進的心靈與生活態度。當你有屬於自己的世界、有興趣、有想法、有獨立的節奏與氣質，對方才能在長久的關係裡不斷發現你新的面貌。而這份「看得見卻摸不透」的特質，才是真正的魅力所在。

愛的轉身

潔琳在三十二歲那年，毅然從一段長達九年的感情中走了出來。她和佑辰曾是大學裡令人稱羨的一對，從青春校園到踏入社會，兩人一起經歷過租屋的清貧、職場的高壓、家庭的衝突，也一起計劃過婚禮與未來。只是時間推進，愛卻慢慢變質。

起初是佑辰的沉默越來越多，從前下班會熱情打電話報備，後來訊息也常已讀不回。潔琳問他怎麼了，佑辰總說：「沒事，只是累了。」然後是冷漠、敷衍與疏離，像潛藏在心底的潮水，一點一滴地將他們原有的親密沖刷殆盡。

她曾試圖挽回：約他一起旅行、做菜、製造驚喜，但都得不到回應。有一晚，她終於哭著問：「你還愛我嗎？」對方沉默許久，最後輕聲說：「我也不知道。」

那晚，潔琳一夜未眠。她知道，當「不知道」成為對感情的回答，愛已經走得比誰都遠了。

分手那天，潔琳沒有大哭大鬧，只是把對方留下的東西一一收拾，裝箱。朋友問她會不會捨不得，她點點頭：「會，但我更捨不得的是那個變成附屬品的自己。」

她搬了新家，報名了攝影課，週末獨自旅行。剛開始，她感覺空虛，像失去了某種依靠。但慢慢地，她開始習慣一個人吃飯、一個人看電影，也重新找回從前那個有夢、有笑、有勇氣的自己。

一次聚會上，有人提起佑辰，她只是淡淡一笑說：「我不怨他。只是那段愛走到盡頭了，我必須選擇為自己轉身。」

分手並不總是悲劇，有時它反而讓一個人更靠近自己。當你願意不再抓著一段只剩形式的關係，放下已不再有共鳴的愛情，也是一種成全 —— 不是成全對方，而是成全自己的重生。

放手不是失去，而是成熟的開始

感情裡最艱難的，不是愛得不夠，而是當一切不再對等時，你是否願意勇敢地轉身離開。很多人捨不得，怕孤獨、怕重來，怕一切都白費。但真正的痛苦，其實來自於繼續待在一段讓你失去尊嚴與笑容的關係裡。

愛的真義，從來不是綁架與依附，而是讓彼此成為更好的自己。如果這段感情已經無法讓你自由呼吸，那麼，放手就是給彼此最後的體面與祝福。

當我們能夠在愛裡全心投入，也能在離開時從容轉身，那才是真正理解愛的樣貌。就像航行中的船，有時要靠岸，有時要遠航。而你，就是自己人生這艘船的船長，何去何從，不由他人決定，只由你自己選擇。

第六章

為人之道

別急著砍掉還沒結蜜的樹

米娜在都市中租了一間老公寓頂樓的小套房，隔間狹小、牆面斑駁，房東甚至提醒她，樓上那間閣樓最好別用，因為堆滿舊物、還有些陳年老味。米娜剛搬進來時，確實對那閣樓毫無興趣，連門都懶得開，只把它當成堆破爛的雜物間。

幾個月後，米娜工作壓力大到喘不過氣，她開始思考是不是該搬到一個空間更明亮、能真正放鬆的地方。某個週末，她終於鼓起勇氣打開那扇閣樓門，打算把那些老舊的東西清一清，至少搬家前也能好好打包一番。

她搬開幾個舊箱子，竟發現閣樓角落有扇小窗，陽光灑進來的角度剛剛好。再往內探查，她驚訝地發現前房客留下了一張復古藤椅、一盞可調亮度的老燈，還有幾本泛黃但保存完好的小說。她順手擦了擦灰塵，把椅子靠窗放好、鋪上毛毯，那天傍晚，她在那個「原本該丟棄的空間」裡，靜靜看了一本書，意外找回久違的寧靜。

後來，米娜乾脆將那閣樓改裝成她專屬的小書房，每天下班後只想窩在那角落放空或寫點東西。她慶幸自己沒早早退租，否則就錯過這個她最愛的空間。

若不是那扇小窗灑進陽光，米娜可能永遠不會發現閣樓的美好；若不是在崩潰邊緣，她也不會停下腳步重新審視原先「一無是處」的地方。

換個角度，才發現價值

很多人都曾這樣，在沒有看清楚一個人或一件事的價值前，就急著做出放棄的決定。就像老闆想開除一名看似不起眼的員工，卻不知道他正好掌握著公司內部系統最複雜的模組；或像一段關係，因為看不到短期的甜蜜，就早早退出，卻錯過了未來能共度風雨的伴侶。

人們常說「見好就收」，但在現實生活裡，「見壞就丟」才是更多人慣有的本能。只是，我們是否能在下判斷之前，多留一點時間觀察，或許，就能發現被自己忽略的甜頭。

許多事情，在你覺得它毫無價值、準備放棄之時，其實只是還沒到結果的季節。人也好、事也好，當你願意再多一點耐心，換個角度重新審視，你會發現那些原本看起來毫無意義的存在，或許正默默地孕育著一點點改變。

不是每一棵樹都得結出你想要的果，有時，它可能在你最意想不到的時刻，滴下一抹香甜的蜂蜜。

一句溫柔的話，勝過萬千藥方

有一位資深的研發主管林經理，個性頑固又驕傲，是出了名的「鐵齒」。即便身體長期過勞、失眠嚴重，他仍堅持不願看醫生、也不接受任何同事的建議。

有一次，林經理在辦公室裡突然昏倒，被緊急送往醫院。醫生告訴他：「你已經處於慢性衰竭的邊緣，再不調養就有危險了。」但他只是冷冷一句：「我只是累了，休息一下就好。」

公司幾位主管陸續來探望，有的直言指責他的工作方式太拚命，有的勸他放下執著養身體。林經理一句也聽不進去，甚至拉起被子拒絕與人對話。

直到有天，公司新進職員思涵主動前去探望。她輕聲問：「林經理，最近是不是總是夢到開不完的會、寫不完的報告？」林經理原本閉著眼，卻因這句話慢慢睜開眼睛，愣了一下。

思涵坐在床邊，語氣柔和：「我有位家人也是像您這樣，工作太拚，身體撐到最後才願意休息。他後來說，其實他最需要的不是藥，而是有人聽他講話，告訴他：『你做得已經很好了。』」

林經理沉默了良久，終於嘆了一口氣，說：「我也不知道從什麼時候開始，就把自己逼得這麼緊，彷彿不這樣拚命就沒人看得起我。」

那一晚，他破天荒地吃完藥後好好睡了一覺。隔天清晨，他主動對護理師說：「我想試試心理諮商。」

好話不是奉承，是對人心最細膩的照顧

思涵並沒有用藥物治病，也沒提出什麼高深建議，她只是說了一句能讓對方感同身受的話。一句讓人感覺被理解、被接住的話語，勝過千百個生硬的勸告。

事後同事們問她怎麼辦到的，思涵笑著說：「我只是試著說他心裡想聽、卻沒人說出口的話罷了。」

生活中，我們總以為把道理說清楚最重要，卻忘了「怎麼說」往往比「說什麼」更關鍵。語氣的溫度、字詞的選擇、講話時眼神的溫柔，都會決定一段對話是否產生療癒的力量。

真誠的語言，才是最溫暖的處方

言語是人與人之間最直接的橋梁。一句惡言，能讓六月天如同寒冬；一句溫語，卻能讓人於風雪中感到陽光。尤其在現代社會，每個人都或多或少背著壓力與疲憊，而一句真誠、善意的話，正是我們彼此療癒的良藥。

別小看你的每一句話，它可能成為別人堅持下去的力量，也可能是他們願意改變的契機。與其爭對錯、談道理，不如先學會放低姿態、用心聆聽。當我們願意對別人說出理解與溫柔

的話語時，所給予的不只是情緒的安慰，更是讓一顆封閉的心重新開放的希望。

所以，說話之前，不妨想一想：這句話，是否溫暖？是否尊重？是否真誠？這些，才是真正能走進人心的語言藝術。

一句話，可能就是命運的轉折點

許承是一位剛在科技新創圈闖出名號的年輕創業家，30 歲不到就擁有兩間公司。他口才出眾、思緒敏捷，是業界公認的天才。然而，他的失敗，也正是因為他的口才。

某年初夏，一場備受矚目的創投評審會在臺北舉行，來自美國與日本的兩大集團將決定是否投資他的新專案。這筆資金若成功到位，不僅將讓許承的公司正式進軍國際市場，也代表他個人聲勢將再攀高峰。

簡報當天，許承一如往常，用他流利的中英雙語，精彩呈現計畫藍圖。所有數據都經過精準演算，每張投影片都鋪陳得天衣無縫。現場投資人表情嚴肅，但頻頻點頭，氣氛相當樂觀。

直到簡報結束後的問答環節，一位資深的日籍投資人客氣地詢問：「請問您在東亞市場的布局中，是否考量過當地文化與法規間的落差？」

許承微微一笑，語氣輕挑地說：「喔，這些保守又老派的市場早該數位轉型了，我們不會等他們準備好，反正最後他們一定會追著我們走。」

現場一陣尷尬的靜默，特別是那位投資人皺起眉頭後便不再提問。

會後，主辦單位本來安排了一場媒體茶敘，卻臨時取消了。幾天後，投資決議公布，兩大資方都選擇觀望，並將資金轉向競爭對手。

許承原本信心滿滿地對團隊說：「我們穩了！」但當聽見決議結果時，臉上瞬間失了血色。最後，那場被譽為「關鍵登峰戰」的簡報，反而成了他事業下滑的導火線。

許多業界朋友事後替他惋惜，有人說是投資環境變了，也有人說是競爭對手背景雄厚，但他的副手私下對人說：「就那一句話，把所有人推開了。」

深沉內斂，往往勝過喋喋不休

語言，是力量的傳達器，但當語言變成傲慢的投射，將對話變成單方面的評斷，那麼原本的力量就變成了破壞力。

許承的例子說明了：關鍵時刻，一句話可能定生死。就像戰場上的將軍，再英勇也不能隨意開火；在商場上，再有才華也不能口不擇言。

真正高明的人，從不倚賴喋喋不休去證明自己。真正穩重的人，知道何時該說、該收、該沉默。話說得越多，破綻也越多；話說得剛好，才能留下餘韻與分寸。

沉默未必虛弱，有時反而最有力量

現代人習慣即時分享、快速發言，社群平臺鼓勵我們不斷表達自己的觀點。然而，真正改變局勢的，常常不是那些高分貝的話語，而是經過思考後選擇說出的「一句適切的話」或「一段恰到好處的沉默」。

言語像水，能潤物，也能沖毀堤防；一句話可以讓人願意投資你，也可以讓你失去一切。在人生關鍵時刻，最重要的不是你會說多少，而是你能不能控制自己要說什麼、不說什麼。

所以，請在開口之前多想一秒。在你以為自己幽默、犀利、真誠之時，也問問自己：「這句話，是為了成就自己，還是貶低他人？」言語是你最好的朋友，也可能是你最大的敵人。掌握它，才不會讓命運輸在一時口快。

出口的祕密，便再也不屬於你

在一間外商公司，曾經發生一場讓整個部門震動的風波。行銷主管怡珊因表現優異，被內定為下一任副總候選人，這消息尚未對外宣布，僅限於三位高層知曉。

某天，怡珊私下告訴她在公司裡最親近的同事嘉芸：「我只跟妳說哦，這件事還沒公布，總經理說還要等內部調整結束才對外宣布，拜託妳別跟別人講。」嘉芸連連點頭保證：「放心，我連影子都不會透露。」

然而，就在隔週的下午茶時光中，嘉芸忍不住向另一位同事小聲提及：「你猜猜副總會是誰？我聽說已經有人被選定了，只是還沒公布……我不能說是誰喔，你千萬別講出去。」

這句話像雪球般滾進辦公室，一傳十、十傳百，短短三天，全公司幾乎都知道了怡珊即將升遷的消息。甚至還有人開始在背後議論她是否靠關係上位，導致原本平穩的團隊氣氛瞬間變得緊張不安。

總經理得知後震怒，立即召開內部會議，質問消息從何而來。怡珊面紅耳赤，不知該怎麼解釋。最終，公司不得不暫緩原定的晉升計畫。整件事對怡珊的信任與聲譽都造成了傷害，而她最初只是想與一位朋友分享一點喜悅。

能說出口的祕密，就不再是祕密

我們常以為自己可以掌控對方的嘴，卻忘了語言這東西，一旦說出，就像潑出去的水，無法收回。怡珊原以為嘉芸是最可以信賴的對象，卻沒料到「我只說一個人」會變成無數人的「我也只說一個人」。

嘉芸並非惡意中傷，她只是無法抗拒分享祕密帶來的優越感。而這正是人性中最脆弱的地方之一——覺得知道一些「別人不知道的消息」很有成就感，於是忍不住想與人分享，進而形成傳播的漩渦。

在友情、職場、感情中，我們出於信任說出內心的祕密，卻因此遭遇誤解、非議，甚至失去原有的地位與感情。究其原因，不是對方的背叛，而是我們錯誤地把「祕密」交給了無法承擔的人。

守住祕密，是尊重自己

當你說出「這件事千萬別讓別人知道」，其實就等於放棄了它原本的保密性。祕密一旦經由第二人之口傳出，便成了不受控的種子，終將落地生根，長成風暴。

如果你連自己都無法忍住說出口，又怎能期待別人替你守住底線？有些話，放在心裡才安全；有些情緒，不說出來反而最妥當。

下次，當你想把一個祕密告訴別人時，不妨先問自己：「我是否已準備好，讓這件事有可能被世界知道？」如果答案是否定的，那麼最好的選擇，就是閉口不言。

一句話，破壞了一段溫暖的善意

在北海道的森林深處，一位獨居的旅人悠太在山中探險時，不小心跌落山谷，腳扭傷了，手機也失去訊號。正當他無助時，一位年邁的農婦千代發現了他，連夜將他帶回自己的山中小屋。

千代住在深山，生活簡樸，但她煮了熱味噌湯、準備柔軟的棉被，細心照顧悠太幾天。當悠太的腳傷好得差不多時，他準備離開。千代親手替他包好乾糧，送他到路口。

臨行前，悠太忽然皺著眉說了一句：「阿姨，妳人雖好，但這屋子真的很難聞，木頭霉味重得快讓人窒息了。」

千代聽完笑著點點頭，只說：「謝謝你的坦白。」便轉身回屋。

幾年後，悠太在某場山林文化活動上偶遇千代。他熱情地打招呼:「阿姨，妳還記得我嗎？當年那幾天真是感謝妳收留！」他注意到千代的手還綁著綁帶，好奇地問：「手怎麼了？」

千代說：「老毛病了，當年你住下的那晚，我剛劈完木頭，拉傷了韌帶，不過後來都恢復了。倒是你走時說得那句話，讓我每次打開屋門時都忍不住懷疑，是不是我家的味道真讓人厭煩。」

悠太一時語塞，才意識到當年那句無心的話，原來是這麼沉重。

說話之前，多想對方的心情

人與人之間的相處，不只靠物質的付出，更依賴情感的細膩與溫柔。有些人習慣直言不諱，自認真誠，卻不知一句無意的批評可能像石子投進湖中，激起的漣漪久久不散。

千代雖然大方沒責怪，但她的在意藏在每次回頭的神情中。悠太那句話，不過幾秒鐘的語氣，卻在她心裡留下了持久的影子。言語的力量就是如此，輕得像風，卻重得足以壓垮一段記憶。

其實換個說法，例如「這裡的味道很有山林的味道呢！」或是「阿姨住在這裡一定很有自然的感覺」，效果就大不相同了。良善不僅來自行動，也來自懂得用溫柔包裝的話語。

言語是一把雙刃劍，傷人也傷己

在日常生活中，請記得：你說出口的每一句話，都可能留在別人心中許久。尤其是那些曾經對你好、在你困境時伸出援手的人，他們對你的話語更敏感。

一句話能暖人，也能冷人。情緒過後，你可能早已忘了自己說過什麼，但對方卻可能銘記一生。

說話時，請將心比心，多一分體貼、少一分尖銳，才是人與人之間最美的溫度。真正有修養的人，不是語速快、立場強，而是懂得收起語刺，善待每一顆曾靠近自己的心。

當玩笑成了真相的障眼法

某日清晨，一位旅人迷路走進了一座陌生的山村。他走進一間茶館，店裡只有幾位老人圍坐在爐邊閒聊。旅人靠著牆坐下，一邊取暖一邊聽著他們聊天。

「你們聽說了嗎？那條山路前幾天有一隻熊出沒，好像還咬了人，現在誰還敢從那走啊！」一位老人語氣驚恐地說。

旅人一聽，臉色都變了。他原本打算經過那條山路離開村子，聽到這番話，當下就打消了念頭。茶也沒喝完，他立刻退了房，決定繞遠路多走三天，改走另一條崎嶇的小徑。

幾天後，他又路過那間茶館，遇上當初說話的老人。旅人忍不住問：「那隻熊怎麼樣了？有人抓住牠嗎？」

老人聽了哈哈大笑：「你說那個啊？我們只是在唬那幾個頑皮的小孩，想嚇他們別亂跑，那山路哪來什麼熊？」

旅人一臉錯愕，愣在原地，才發現自己被一段隨口的閒話誤導，浪費了時間和精力，白走了許多冤枉路。

別輕易讓耳朵替你決定方向

生活中這樣的情境層出不窮。別人隨口一說，無論是開玩笑、誇張渲染，甚至只是語氣戲謔，聽者若未加判斷，輕信照做，往往會誤入歧途。

有些人習慣將自己的選擇建立在他人的話語上，卻未曾停下來思考那些話是否合理。別人說風就是雨，不僅讓自己心神不定，更容易放棄原本的判斷力與行動力。

過度在意他人眼光與意見，只會讓人失去主見，拖延本來應該堅定推進的事，甚至錯失良機。就像旅人本可一日通過的平坦山道，卻因一句無心之言繞行三天，得不償失。

判斷來自自己，別讓外界左右你的人生節奏

這個世界充斥著各種聲音，有人說好，有人說壞，有人為了取悅孩子編個故事，有人為了搏笑故意誇張戲言。我們無法阻止這些聲音的存在，但可以選擇是否讓它們影響我們的抉擇。

真正成熟的人不是不聽他人意見，而是聽進去、分析過，再決定自己的行動。請記得，不是所有的話都值得你改變方向，尤其那些不經思考、漫無目的的語句，更應該放過耳朵，不必放進心裡。

唯有培養獨立思考的能力，才能在這紛擾的世界裡不迷失，穩穩走好自己的路。

電子書購買

爽讀 APP

國家圖書館出版品預行編目資料

經典重讀！那些耳熟能詳的寓言，其實從未被讀懂：寓言從來不只是故事，而是將真相藏進細節裡的時代智慧 / 林語晨 編著 . -- 第一版 . -- 臺北市 : 財經錢線文化事業有限公司 , 2025.05
面；　公分
POD 版
ISBN 978-626-408-269-3(平裝)
191.9　　　　114005377

經典重讀！那些耳熟能詳的寓言，其實從未被讀懂：寓言從來不只是故事，而是將真相藏進細節裡的時代智慧

臉書

編　　著：林語晨
發 行 人：黃振庭
出 版 者：財經錢線文化事業有限公司
發 行 者：崧燁文化事業有限公司
E-mail：sonbookservice@gmail.com
粉 絲 頁：https://www.facebook.com/sonbookss/
網　　址：https://sonbook.net/
地　　址：台北市中正區重慶南路一段 61 號 8 樓
8F., No.61, Sec. 1, Chongqing S. Rd., Zhongzheng Dist., Taipei City 100, Taiwan
電　　話：(02) 2370-3310　　　傳　　真：(02) 2388-1990
印　　刷：京峯數位服務有限公司
律師顧問：廣華律師事務所 張珮琦律師

定　　價：375 元
發行日期：2025 年 05 月第一版
◎本書以 POD 印製